我国大学生心理健康问题及对策研究

燕玉霞　著

延边大学出版社

图书在版编目（CIP）数据

我国大学生心理健康问题及对策研究 / 燕玉霞著
. -- 延吉 ：延边大学出版社, 2020.12
ISBN 978-7-230-00562-3

Ⅰ. ①我… Ⅱ. ①燕… Ⅲ. ①大学生－心理健康－健
康教育－研究 Ⅳ. ①G444

中国版本图书馆 CIP 数据核字(2020)第 254659 号

我国大学生心理健康问题及对策研究

著　　者：燕玉霞
责任编辑：金钢铁
封面设计：延大兴业
出版发行：延边大学出版社
社　　址：吉林省延吉市公园路 977 号　　　邮　　编：133002
网　　址：http://www.ydcbs.com　　　E-mail：ydcbs@ydcbs.com
电　　话：0433-2732435　　　　　　传　　真：0433-2732434
制　　作：山东延大兴业文化传媒有限责任公司
印　　刷：延边延大兴业数码印务有限责任公司
开　　本：787×1092　1/16
印　　张：9.75
字　　数：190 千字
版　　次：2022 年 3 月 第 1 版
印　　次：2022 年 3 月 第 1 次印刷
书　　号：ISBN 978-7-230-00562-3

定价：56.00 元

作者简介

燕玉霞，女，苗族，中共党员，就职于南昌师范学院，副教授，硕士学位，主要研究方向为心理学。

前　言

改革开放以来，在经济持续增长和社会不断进步的同时，人们的思想观念也在不断发生变化，市场竞争日益激烈，从而导致人们生活压力增大、矛盾心理增强、焦虑情绪频现，这些负面的心理和情绪同样也会表现在大学生群体身上。由于大学生在心理上具有一定的脆弱性和不成熟性，极易受新旧理念的冲击以及情感问题的困扰，因而大学生受就业压力、人际交往等方面的影响就更大，其心理健康问题也就更为突出。

国家综合实力的竞争归根结底是人才的竞争，当代大学生肩负着建设中国特色社会主义、实现中华民族伟大复兴的重大使命。而对当代大学生而言，健康的心理是学习专业知识和接受思想教育的重要前提和基本保障，也是在校生活、完成学业的基本条件。加强高校心理健康方面的教育，能够培养大学生的创新意识和自立品格，提高其适应环境的能力，增强其综合素质。

此外，心理健康教育是高校推进大学生素质教育的一项重点内容，也是培养社会主义建设者和接班人的关键环节。因此，国内高等院校必须高度重视大学生心理健康教育工作，不断总结经验，持续改进和推广相关措施，为我国社会经济的持续、健康发展提供可靠的人才保障。

本书在编写过程中力求理论与实践相结合，针对大学生心理健康教育的相关问题进行探讨，具有一定的实用性和可操作性，以期为提升大学生心理健康教育实效建言献策。

由于时间仓促及作者水平有限，书中难免存在疏漏与不足，恳请读者朋友批评指正。

目　　录

第一章 大学生心理健康教育理论
与应用研究

第一节 大学生心理健康教育概述

21 世纪是知识经济的时代，全球经济一体化进程不断加快。为迎合经济的快速发展，培养与经济发展相适应的建设性人才，教育被赋予了更丰富的内涵。教育的任务不仅是传授知识文化与技能，还应包括健康的生理和心理的塑造。在现代化进程中，心理健康对大学生实现自我发展至关重要。本节通过对当下大学生心理健康问题出现的原因及影响因素等进行分析，旨在使大学生的心理得到健康发展。

一、大学生心理健康教育的相关概念

为了做好大学生的心理健康教育工作，促进其全面健康发展，首先要明确大学生心理健康教育的相关概念。

1.心理健康

心理健康的人通常具有正常的精神状态和社会活动，能在社交、生活方面与其他人保持较好的沟通与配合，能妥善处理生活中发生的意外情况。从广义上讲，心理健康是一种高效而满意的、持续的心理状态；从狭义上讲，心理健康是知、情、意、行的统一，是人格完善和社会适应良好。

联合国世界卫生组织对心理健康的定义是：心理健康不仅指没有心理疾病或变态，不仅指个体社会适应良好，还指人格的完善和心理潜能的充分发挥，也指在一定的客观条件下将个人心境发挥到最佳状态。

2.大学生心理健康教育

大学生心理健康主要指在当前的经济社会约束条件下，大学生心理与行为是否统一，对自己的心境、学习、社会环境、人际关系等是否满意，有无追求美好生活的愿望及较为可行的实现路径。

大学生心理健康教育是指高校向学生提供的所有旨在解决学生心理问题、提高学生心理健康水平的教育活动，是大学生素质教育的重要组成部分，是落实素质教育工程、培养高素质人才的重要环节。

二、大学生心理健康的标准

大学生心理健康的标准有：①智力正常，能充分并正确地发挥智能；②情绪健康；③意志健全；④人格完整；⑤自我评价正确；⑥人际关系和谐；⑦适应能力强。

三、当代大学生心理问题的原因分析

相关心理健康调查表明，大学生已经成为心理健康的弱势群体。学业、生活、就业、情感及身份转变的多重压力，使大学生背负了沉重的心理负担。因此，现阶段对大学生群体的心理健康问题进行客观的剖析，并提出相应的解决措施十分有必要。

1.学业压力与就业压力

为了丰富大学生的专业理论知识及实践操作技能，部分高校开设了过多的教学科目，导致大学生课程负担过重，从而感觉对完成学习任务力不从心，长期精神压力过大或过度紧张，甚至还会引发失眠、焦虑、抑郁等问题。

此外，为了丰富大学生的课余生活，校园内的各类社团活动也层出不穷。这可以让大学生广交朋友、开阔眼界、增长见识，提高他们的社会适应力，但对于那些本就课业繁重的学生来说，完成学习任务就已经需要花费大量的时间了，因而难以兼顾同样需要大量时间的社团活动。因此，社团活动也会加大他们的心理压力。

大学生的就业压力与学业压力常常相伴出现，因成绩不理想或因学校不出名而自卑会使大学生产生恐慌感，而现今严峻的就业形势又加重了这种恐慌感，进而形成了一个恶性循环，许多精神问题或者心理问题就会随之产生。

2.对新环境的不适应

在大学里，学习更多的是靠自律，而且大学课堂也和高中课堂差别较大，大学生通常在不同的教室甚至不同的教学楼上课，也没有固定的同桌。

除此之外，寝室生活是一种群体生活，有时同学不会像家人那样迁就或包容自己，这就会导致部分大学生难以和室友和平相处。

3.情感问题

在大学校园中，自由恋爱意味着大学生可以根据自己的审美标准寻找心仪的恋爱对象，因此，失恋也不可避免地成了影响大学生心理健康的因素之一。

恋爱本是件美好的事情，但个别大学生过于敏感，无法承受失恋的痛苦，因此很容易产生极端的想法。

4.生活压力

进入大学会遇到形形色色的人，有的大学生家境殷实，学习成绩好毕业后又可以进入很好的单位工作；而有的大学生学费靠贷款、生活靠补助，只有靠优异的成绩方能"出人头地"。这种个人生活、家庭背景上的差异，会极大地影响一个人的心理状态，进而导致部分大学生产生攀比或嫉妒心理。

四、大学生心理健康的影响因素

根据"素质—压力"模型，个体若有倾向得某种心理疾病的遗传素质，就会特别容易受到环境压力的影响，而产生相对应的偏差行为。就大学生这一特殊群体而言，其"压力"主要指其在学习过程中可能会面临的各种困扰或问题，而"素质"是指大学生自身由遗传获得的潜在的心理困扰特质。潜在的心理困扰特质水平偏高的大学生在面临外界压力时，如果缺乏有效的应对方式，那么就可能会出现适应不良的状况，进而衍生出各种情绪障碍或偏差行为，甚至导致严重的心理疾病。

1.自身因素

由于我国中学阶段的素质教育尚不成熟，青少年的生理和心理教育未得到足够重视，尤其是青少年的性教育。大学生在心理上正处于迅速走向成熟而又不完全成熟的过渡阶段，这就使得他们在这一时期普遍感到迷茫，进而会出现一些行为或心理上的偏差。还有部分学生可能存在部分先天或后天的身体机能缺陷，另外作息异常以及不良的生活习惯也可能会导致学生身体不适，从而限制其学习能力与学习潜力的发挥，进而影响学生的学习效果。在心理特质方面，以自我为中心、缺乏弹性的人格特质以及人际交往技能的缺乏等也会影响大学生的心理适应能力。有这些特质的大学生一般可分为两类：一类是追求完美，过分苛求，过于在意别人的看法，不允许自己没有达到预期目标，容易将失败进行内部归因，从而产生焦虑、抑郁等不良情绪；另一类是自我意识消极，意志薄弱，容易将失败过度归因于外在因素，自我控制能力差，容易沉迷于网络、游戏等。

2.家庭因素

"家庭是人格形成的摇篮"。青少年的人格基础形成于家庭，良好的家庭氛围对青少年健康人格的形成具有重要作用。事实证明，和谐的家庭氛围有利于大学生形成谦虚、礼貌、随和、乐观的人格特征；反之，则易使大学生形成粗暴、孤僻、冷漠等不良的人格特征。因此，父母的管教态度、家庭关系、手足关系等家庭因素，深刻地影响着个体日后的人格形成与心理健康。同时，家庭的经济状况也会对他们产生一定的影响，尤其是人际关系方面。

3.学校因素

目前，部分高校人格教育乏力、教学方法呆板，甚至出现强制性学习、无序化竞争、同学关系紧张等现象，这些都使大学生的心理压力增大进而影响其心理健康。尽管很多高校都设有心理咨询中心，但工作开展得并不尽如人意，主要是因为咨询手段和方法落后，满足不了学生的需求，以致学生即便有问题，也不愿意去进行心理咨询。

4.社会因素

我们都生活在一定的社会环境中，因此，社会经济发展水平、价值观与社会制度也会对大学生的心理健康产生影响。目前，我国正处于经济快速发展时期，政治、经济、文化等各方面都在发生变化，且大学生又正处于心理的不成熟期，因而难免会出现各种心理问题。例如，社会价值观偏差，过度看重文凭、名牌学校，唯升学论，从而"窄化"了人生，不利于个人多元价值观的建立。此外，由于大众传媒的发达与普及，大量充斥着商业物质取向、拜金主义、享乐主义的资讯被推送给大学生，不但容易使其受到迷惑而分心，有时也会给大学生造成严重的价值观偏差。

五、加强大学生心理健康教育的意义

加强大学生心理健康教育是培养高素质人才的必然要求，也是优化大学生心理素质、提高大学生综合素质的有效方式。

第一，加强大学生心理健康教育，是社会进步和时代发展的迫切要求。科学技术的进步和社会的飞速发展使人们的学习、工作和生活的压力越来越大，产生的心理问题也不断增多。特别是近年来，在人们的物质生活得到改善的同时，也出现了越来越多的心理问题，如焦虑、抑郁、迷茫等。对大学生而言，这些问题已经严重影响了他们正常的生活和学习。因此，加强大学生的心理健康教育已经成为社会发展的必然要求。

第二，加强大学生心理健康教育是全面实施素质教育的重要内容，是提高大学生综合素质的有效方式。《教育部关于加强普通高等学校大学生心理健康教育工作的意见》中指出："在全面推进素质教育中，必须更加重视德育工作，加强对学生的心理健康教育。"《中国教育改革和发展纲要》强调，要"面向全体学生，全面提高学生的思想道德、文化科学、劳动技能和身体心理素质，促进学生生动活泼地发展"。当代大学生应该提高自身的心理素质，从而有效缓解其内在及外在的压力，加强自身对环境的适应能力，以谋求更好的发展。

第二节　不同历史时期大学生常见的心理问题及高效的心理健康教育

心理健康教育在当今社会生活中扮演着重要角色，以培养高素质人才为首要任务的高校更要重视并切实做好大学生的心理健康教育工作。本节通过分析我国不同时期的大学生心理健康问题以及高校进行心理健康教育工作的方法和手段，来说明对大学生进行心理健康教育的重要性。

我国大学生肩负着为社会主义现代化建设事业奋斗的历史使命，重视其心理健康教育、优化其心理素质是社会进步和时代发展的迫切要求，也是全面提高大学生综合素质的重要途径。新时期高校大学生心理健康及其教育问题已成为重要课题，我们要不断加强对该课题的研究，促进当代大学生的全面、健康发展。

当今社会经济的发展速度日益加快，大学生承担的心理压力也越来越大，因此大学生心理健康教育的作用越来越突出，并逐渐受到社会各界的重视。我国大学生心理健康教育起步于 20 世纪 80 年代中期，起步较晚、发展较慢，还不能够很好地促进大学生的心理健康。通过对我国不同时期的高校心理健康教育工作进行分析，并反思在此过程中出现的问题，将有利于更好地解决大学生心理健康问题，促进当代大学生的全面、健康发展。

一、20 世纪 80 年代大学生常见心理问题及高校的心理健康教育

20 世纪 80 年代，高校心理健康教育首先以心理咨询的形式在我国高校兴起，心理咨询成为思想政治教育的活动之一，咨询对象主要是存在心理

问题的大学生。

1.20 世纪 80 年代大学生常见的心理问题

20 世纪 80 年代，中国社会发生了巨大的变化。改革开放以来，经济快速发展，人们的生活方式和价值观念也发生了很大的变化。社会的变化加剧了大学生情绪的不稳定现象，加之不适应环境转变等因素便使大学生产生了各种心理问题。

一是学业课程压力过大引起的焦虑。进入大学以后，学生学习的课程增多了，内容也变得更难，并且大学与中学的学习方式和学习内容有了很大的不同，学习压力增大，同学间的竞争也愈演愈烈。在这样的焦虑情绪下，大部分学生会有睡眠不足的情况，甚至会出现神经衰弱的症状。长此以往，会降低学生的学习兴趣，影响学习成绩。

二是环境转变引发的紧张与不适。一些大学生会产生初入新环境的不适感，此前与父母一起生活，在学习生活中可以得到很好的照顾，而现在则在宿舍和别的同学一起过集体生活，室友之间生活习惯的不同、自身的生活自理能力不够等，都会让他们紧张、不适，极易引发各种心理问题，在外地读书的大学生则更容易出现此类情况。

三是人际关系的不协调引起的心理问题。与中学不同，大学里学生与教师之间的关系，同学之间、异性之间的关系变得更加复杂，一些大学生在与同学交往的过程中，没有掌握正确的方法，在处理问题时做不到"皆大欢喜"，从而对人际交往产生了焦虑感与恐惧感。

四是理想与现实间的矛盾使大学生产生抑郁心理。大部分大学生有着崇高的理想，他们非常关心国家和社会的发展问题，然而理想和现实的对比，会使一部分大学生感到失落，甚至出现消沉的情绪，这直接影响他们对学习的积极性，甚至会使其产生抑郁等各种心理问题。

五是性和恋爱导致的心理问题。大学生往往会对异性产生好感，因而产生各种恋爱问题，并由此引发单相思、失恋等各种烦恼与不安心理。

2.高校进行思想教育的方法和手段

20 世纪 80 年代，高校对大学生心理健康问题进行思想教育的方法和手段主要是心理咨询，其形式主要以个别面谈为主，部分学校也采取了电话咨询、集体咨询、通讯咨询等形式，旨在通过适当的方法，把引导的工作做在前边，提倡关心和热爱学生。

钟友彬依据心理动力学疗法的原理，并将之与中国人的生活习惯相结合，在 1988 年发明了认知领悟疗法，即通过解释使求治者改变认知，求治者得到领悟而使其症状得以减轻或消失，从而达到治病目的。这种疗法就是要找出一个人不现实的、不合理的或非理性的、不合逻辑的思维方法，并帮助他建立较为现实的认知问题的思维方法，进而消除各种不良的心理障碍。

20 世纪 80 年代，我国高校心理咨询活动虽处于发展初期，但已经具备了一定的规模和影响，并取得了一定的成果。

二、20 世纪 90 年代大学生常见心理问题及高校的心理健康教育

20 世纪 80 年代中期，以问题为中心的咨询方式逐渐不能适应社会发展的需要，因为它忽视了很多正常学生寻求发展的心理需求和精神需求，因此 20 世纪 90 年代，以学生发展为核心的心理咨询理念逐步建立起来。

1.20 世纪 90 年代大学生常见的心理问题

到了 20 世纪 90 年代，我国大、中、小学生的心理健康问题日渐增多，心理健康教育逐渐受到了全社会的关注，高校的心理咨询工作得到快速发展，成为思想政治教育的重要内容。1994 年，《中共中央关于进一步加强和改进学校德育工作的若干意见》更是第一次明确提出了"心理健康教育"

一词，把"指导学生在观念、知识、能力、心理素质方面尽快适应新的要求"作为新形势下的"学校德育工作需要研究和解决的新课题"，并指出"要积极开展青春期卫生教育，通过多种方式对不同年龄层次的学生进行心理健康教育和指导，帮助学生提高心理素质，健全人格，增强承受挫折、适应环境的能力。"在政府及相关部门的支持下，我国高校心理健康教育得以迅速普及和发展。

一是大学生活适应问题。首先是生活能力不足。部分大学生处理日常事务的能力稍显不足，当他们面对新的生活环境、新的思维模式，心理压力会随之增大，加上心理承受能力的不足，就容易产生各方面的不适，甚至产生严重不良后果。其次是对挫折的心理承受能力弱。部分大学生在学习或生活中遇到挫折时只是一味地逃避，而不能主动面对。

二是自我评价障碍。大学生要客观地认识自己、评价自己才能正确地看待自我，摆脱困扰。一些大学生对自己的评价过高，认识问题太过片面，对他人、对社会的要求完全高过对自身的要求，期望越高往往失望越大，长此以往会让他们对自己产生怀疑，感到悲观，进而变得不自信。还有一些大学生对自己的评价过低，过于自卑，觉得自己各个方面都不如别人，这些学生在遇到挫折时也更容易怀疑自身价值，对自己失去信心，从而产生消极思想，甚至对一切都不感兴趣。

三是个性心理问题。首先，大学生的心理发展还不够成熟，情绪不稳定，波动较大。其次，大学生的心理较脆弱，在离开校园迈向独立生活的道路上，往往会因为遇到困难和挫折就灰心丧气，意志消沉，甚至出现心理疾病。

四是人际关系不适。进入大学后，人际关系逐渐社会化、复杂化，加之远离原来熟悉的生活与学习环境，会使一些学生感到不适应。每个学生的性格、说话方式、生活习惯等都是不同的，因而在人际交往过程中难免会产生误会和分歧，进而引发学生的焦虑心理及学生之间的猜忌现象。

2.高校进行思想教育的方法和手段

一是开设心理健康指导课程，提高学生的理论素养。重视对大学生进行心理健康教育，向他们普及心理健康方面的知识，使其能够正确认识自己并正确处理人际关系。部分高校在入学之初就开设了心理健康指导课程，以帮助大学生更好、更快地适应新的学习环境。

二是定期对大学生心理健康问题进行调查，及早了解学生的心理问题并加以预防。20世纪90年代，很多高校已经非常注重大学生的心理健康问题，往往会对刚入学的新生进行心理健康普查，对其心理健康状况进行全面掌握，以便在出现问题时及时制定措施来解决。同时，对在校生的心理健康进行定期检查，有计划、有针对性地对其进行心理治疗。

三是树立起教师的心理健康意识。教师在平时的课堂教学中融入与心理健康有关的内容，使学生在潜移默化中增加了对心理健康知识的了解。

同时注重了解学生的心理特点,并自觉将心理学知识和方法运用于日常教学中。

四是加强宣传教育，引导学生进行自我完善。高校通过各种方式传播心理健康知识，对学生进行教育，引导大学生进行自我完善，帮助他们树立正确的人生观和价值观，并使其拥有乐观向上的生活态度，同时积极开展各种社会实践活动，帮助大学生及早适应复杂多变的外部环境，锻炼自己，提高适应能力，为其真正走向社会做好基础工作和心理准备工作。

三、21世纪大学生常见心理问题及高校的心理健康教育

2004年，中国疾病控制中心和精神卫生中心公布的统计数据表明，有16%～25%的大学生患有心理障碍。2011年，由大学生杂志社、中国大学生网公布的《2010—2011年度大学生心理健康调查报告》显示，超九成的

大学生有过心理方面的困扰，其中 27%的大学生认为自己经常有心理方面的困扰。由上述调查结果可知，大学生的心理健康状况成了影响大学生正常学习和生活的重要因素。

1.21 世纪大学生常见的心理问题

一是环境适应问题。出现这一问题的大多数是新生，大学校园与高中校园的不同会让他们感到惊慌，地域的不同会让他们感到迷茫，生活方式的不同会让他们感到无措，一切的不同使得他们很难适应新的生活，从而产生心理障碍。

二是学习方面的心理问题。大学生的学习时间、学习内容、学习方式与高中完全不同，如果不能转变学习方法与学习态度就会很难适应。一部分大学生会产生各方面的心理问题，如自卑、厌学等，这些问题严重影响着大学生的心理健康。

三是人际交往中的心理问题。在人际交往过程中，一部分大学生常常以自我为中心，说话做事从不顾及他人，不能宽以待人，从而会在与他人交往中遭受挫折；也有一部分大学生过于势力，以是否对自己有利来决定交往的对象，与他人交往的目的性太强，长此以往，只会被大家疏远。

四是求职就业问题。就业是民生之本，随着我国高校教育制度的改革，就业政策也随之发生变化，形成了自主择业的新型就业模式。大学生在求职择业时会产生一些心理问题，如缺乏勇气与自信、不能对自己正确定位、逃避现实等。在面对择业问题时，要积极面对，对自身进行正确的评价，强化自己的心理素质，以提高求职就业的成功率。

2.高校进行思想教育的方法和手段

21 世纪以来，我国绝大多数高校开设了心理健康教育专业，并设置了心理咨询中心、心理健康辅导中心、心理健康教育中心等专职服务机构，我国高校心理健康教育工作步入了全面、深入、多元的发展阶段。

第三节　提高大学生心理健康水平的策略分析

随着社会的进步和发展，都市生活节奏加快，竞争也日益激烈，日益严重的心理问题已成为影响大学生健康成长和高校稳定的突出因素。湖南省某高校的调查结果显示，有近 23％的大学生感到苦恼，14％的大学生在积极情绪和消极情绪中更偏向消极情绪。由此可见，大学生心理健康教育已成为高校学生教育和日常管理工作的重要方面。因此，了解和把握大学生心理健康的影响因素并研究其具体应对策略，是有效开展大学生心理健康教育的前提和基础，将有助于大学生心理健康教育工作的深入开展。

一、提高大学生心理健康水平的策略

大学生群体的特殊性给高校心理健康教育的实施带来了巨大的困难，虽然目前各高校建立了心理咨询机构，成立了各种与心理健康有关的社团，但是大学生心理健康教育是一个系统工程，需要各方面协同发展，因此，探讨大学生心理健康问题的干预策略就显得尤为重要。

1.从学生个人方面提高其心理健康水平的策略

这是对大学生进行心理健康教育的重要方式，也是在心理健康教育中有效发挥大学生主体性的最佳方式。大学生具有较高的知识水平、良好的认知能力和相对稳定的价值观，单单依靠"说服性教育"可能收效不大，因此要充分发挥大学生的主观能动作用，让其进行自我教育。结合"压力调节模式"，引导大学生合理规划自己的生活，掌握缓解压力的各种方法，以保持健康的生活状态；阅读一些心理学、哲学的经典名著，并开展符合其自身特点和知识水平的心理素质训练；积极参加各项关于心理健康的文化活动，掌握专业的网络资源，努力增加社会实践机会等。

2.从学校环境方面提高学生心理健康水平的策略

（1）重视校园文化建设，创造良好的社会心理环境

校园文化时刻影响着学生的身心发展。大学校园应该充满温馨关怀、充满活力与希望，让每位学生都能在此得到成长。高校也应重视学生的各项能力的协调发展，尊重学生的意见，为学生营造一种快乐学习、自我成长的氛围。因此，构建良好的校园文化是大学生心理健康中不可缺少的一个环节。

（2）重视学生的职业生涯规划进程，使学生明确职业生涯发展目标

很多大学生对自己所读专业的未来发展是非常模糊的，因此，学校应该积极地开展选课辅导活动，帮助大学生进行职业生涯规划，特别是大一的辅导员，可以利用新生座谈、班会时间、系学生活动时间、学术演讲等机会，由师长、研究生介绍自己的职业生涯规划过程，为学生提供职业生涯规划的学习对象。当学生明确自己的职业生涯规划时，才能安心学习，其心理健康水平也会相应地提高。

（3）心理咨询中心与心理健康社团相互配合，提高大学生心理适应能力

学校心理咨询中心并非只对问题学生或是危机事件中的学生服务，它要为学生提供个别咨询、团体咨询、新生筛查、成长团体、自我探索、职业生涯规划等服务。当学生心中有困惑、生活感到不适应、希望自我探索以及帮助自己不断迈向自我实现时，都可以主动到中心寻求免费的专业咨询。心理健康社团要开展心理影片欣赏、书籍借阅、心理健康推广活动等工作，二者应相互配合，通过心理健康的三级预防模式来帮助学生增强心理适应能力，及早解决心理困惑。

二、对高校开展大学生心理健康教育工作的几点建议

（1）完善学生心理档案的管理。新生入学后，学校应组织专业人员开展全面的心理健康调查，同时建立完备的学生档案系统，对学生所处的初高中环境、家庭环境进行了解，以便及时了解学生心理问题产生的根本原因。这项工作工作量很大，需要投入一定的人力、物力。

（2）将心理素质教育内容落实到日常教学之中。时代在变革，我们的教学也应该随着时代的变化而变化，应该将教育教学改革落实到高校传统教育的课堂中。我们的高校课程在设置之初，就应该重视学生的心理和思想教育问题，并开设专业课程。教师应不仅局限于授业，还应注重传道，解决学生们在人生道路上的困惑。当然，这一点对教师本身来说也是一个很重要的考验，教师本身是否阳光积极，也可能会影响到学生的生活态度和学习态度。

（3）重视朋辈心理辅导，重视交流和沟通的重要性。从广义上讲，朋辈可以是学生信任的教师、同学、家长等；从狭义上说，在大学里，朋辈心理辅导是经过一系列培训的非专业人员对同龄人进行心理开导、安慰和帮助的过程。承担这项工作的人员我们可称为朋辈辅导员或称心理委员，在经过比较专业的一些培训和学习后，旨在让他们在自己的经验和能力范围内，像教师和朋友一样帮助新生更好地处理学习、生活中遇到的问题。

朋辈辅导员或心理委员通过与学生接触，可以多关注以下类型的学生，如生活自理能力较差的学生、自控能力较差或者懒惰的学生、人际交往过程中比较内向的学生、拘束缺乏安全感的学生等。对这些学生，朋辈辅导员应根据他们的情况来进行辅导，做到事无巨细、亲力亲为；针对他们的情况来组织学校的各项活动，鼓励他们积极参与到各项活动中去，帮助他们树立信心、建立新的社交关系，进而帮助他们更快地融入新的校园生活，

真正在校园中感受到集体的力量。应该说，我们的朋辈辅导员是大学心理健康教育中的先锋官，利用好他们和学生关系较为亲密的优势，能更好地发现和解决学生的心理问题。各高校都应在该方面投入人力、物力，保障大学生心理健康教育基层工作的顺利开展。

（4）加强校园文化建设，开展有特色、有吸引力的校园活动。校园文化建设对整个校园建设来说是非常重要的一个环节。大学生在进入大学之后，很有可能通过网络或者其他方式排遣自己的迷茫或者孤独，校园活动就要从这一方面着手，积极地深入学生之中，了解学生的多样化需求。校园活动要有特色，要与时俱进，要契合学生们现阶段的情感需求，这就需要我们在开展校园文化活动的过程中，积极采纳学生的意见，当然也需要学校在这个方面多下功夫，投入一定的人力、物力。

（5）积极鼓励学生参与社会实践活动。大学生产生心理问题的主要原因，除了学习和自身，应该就是就业问题。学校要大力为学生创造参与社会实践的条件，不仅让学生成为文化上的强手，还要成为社会实践的强手，这也是我们开展高校校园文化建设的一个重要方面。

第四节　浅析贫困大学生心理健康问题
与应对策略

当前，在我国社会快速发展和进步的过程中，人们逐渐意识到，校园教育工作在开展的过程中，不仅仅需要关注学生的成绩，也需要关注学生的心理状况。本节对贫困大学生心理健康服务工作的开展情况进行分析，分析其中存在的问题，找到科学合理的解决对策，希望能够有效解决贫困大学生的心理健康问题。

　　心理健康教育对贫困大学生来说有着非常重要的意义，但是，当前我国高校所开展的心理健康教育还存在着一系列问题。本节也就此提出了相关的解决对策，希望能够发挥心理健康教育的优势和作用，以此实现学生的健康成长，促进社会的稳定发展。

一、贫困大学生心理健康教育的意义

　　在一个人的成长过程中，心理健康是正常生活的基本需求，因为心理状态会直接影响到一个人的行为举止和情绪等。当前，我国高校的贫困大学生较多，受家庭背景、生活环境等各方面因素的影响，部分大学生的生活比较困难，甚至需要贫困补助，或者是勤工俭学。大学是人生重要的转折点，贫困大学生会面临着各种各样心理上的困惑和问题，如果不能及时地解决这些问题，将会严重影响他们的身心健康发展。

二、贫困大学生心理健康服务的问题

1.缺乏经费支持，教育机构不规范

　　在当前的校园教学工作中，缺乏相对统一的规范，甚至很多高校没有专门为学生提供心理辅导和服务的机构，因而教学工作呈现出比较复杂的状况。有些心理健康服务机构在高校内部隶属于学工部门，也有的隶属于校园内部的医院部门。各个高校心理健康服务机构的名称也不同，有些高校叫大学生发展研究中心或者指导中心，也有的高校叫心理健康教育中心，还有的是心理咨询或心理辅导室等。有些高校虽然条件相对较好，但是从总体上来看，大部分服务机构在硬件设施上并不够完善，能为学生提供心理健康指导服务的地方比较狭窄且师资力量不足，这严重影响了心理健康

教育活动的顺利开展。造成这种情况的主要原因是缺乏经费的支持，整个活动没有专项经费，因而限制了教育服务工作的开展，最终会影响心理健康教育工作的整体质量和效果。

2.宣传教育不够，对心理健康服务缺乏认识

受到传统教学理念的影响，部分高校认为只要能够提高学生的学习成绩，能够保证学生在未来的工作岗位上发光发热，就达到了高校教育工作的最终目的。对一些贫困大学生来说，教师认为其进入校园的目的就是为了能在未来的工作岗位上获取更高的收益，所以仅仅停留在对学生进行知识的指导上，而忽略了学生心理健康教育工作的开展。在心理健康服务的对象和开展具体工作的方法上，很多高校甚至认为，只有存在心理疾病的学生才需要接受心理咨询。这会使一些需要心理咨询的贫困大学生产生顾虑，害怕别人认为自己心理上有问题，害怕其他同学或教师的异样目光，从而不敢踏入心理咨询工作室。这种对于心理健康服务缺乏认知的情况，一方面会导致贫困大学生忽视自身存在的心理问题，另一方面也会导致教师和学校不关心心理健康服务工作的情况，进而影响学生接受正常的心理健康服务，阻碍学生的健康成长。

3.缺乏专业的教育指导人员

心理健康教育工作具有一定的专业性，所以在相关工作的开展过程中，需要有专业人员给予支持，才能顺利开展心理健康服务工作，达到教育工作的最终目的。但是，由于当前我国高校内部心理健康服务的专业人员相对比较缺乏，所以影响了这一工作的顺利开展。据调查，国外对于从事心理健康服务的工作人员提出了非常高的要求，其需要通过从业资格的专业考核，只有达到了相关的标准，才能从事这一工作。

我国高校的大学生心理健康教育工作大部分由辅导员以及其他工作人员承担，由于辅导员身兼数职，工作量相对较大，难以对大学生进行系统

的心理辅导，所以很多辅导员并不能够真正掌握每个学生的心理发展动态，进而导致心理健康教育工作的开展相对比较盲目，整体的质量和效果常常不尽如人意。

三、贫困大学生心理健康服务工作的开展对策

1.加大经费投入，规范心理服务机构

想要真正科学有效地了解贫困大学生当前的心理状态，对其进行有针对性的教育和引导，高校就需要关注心理健康教育相关工作所需要的经费，在经费的投入上需要适当地倾斜，能够真正根据贫困大学生对心理健康教育的需求情况，建立起一套相对完善的，能够对学生进行心理健康服务的具体工作开展模式。同时校园内部也需要加强对一些基础硬件设施的投入力度，如宣泄室、沙盘室、测试教室等。这些设施对于贫困大学生来说，可以使其在校园内部享受到专业的心理健康指导，也能够真正为贫困大学生提供科学有效的心理咨询，为其心理健康发展营造出最佳的环境，使其拥有宣泄的对象和倾诉的场所，进而有效解决贫困大学生心理上存在的问题。

2.加强宣传教育力度，提高服务认识

大部分贫困大学生对心理健康服务工作的认知还存在着一定的误区，这也是需要改善的一项重要内容。贫困大学生只有正确认识心理健康服务工作，才能够积极参与其中，进而有效解决自己心理上的问题。面对当前贫困大学生对相关心理健康教育基本知识不够了解的情况，还需要我们加强宣传教育力度，例如，高校内部可以充分利用微博、微信等网络服务平台，把心理健康教育的宣传工作融入大学生的实际生活中，使贫困大学生能够感受到心理健康教育工作的作用。同时，心理辅导教师也需要严格遵守自己的职业道德，对来访者的信息进行保密，使贫困大学生安心接受心

理健康服务，以改善自己的整体状态和情绪。同时这也需要贫困大学生深入到心理健康服务工作中，参与自己心理状态的改善过程，这样才能够使其自然而然地接受心理健康服务。

3.加强人才队伍建设，保证服务质量

在高校内部开展心理健康教育工作，还需要把这一门学科与多学科进行联系，因为心理健康指导本身就具有综合学科的特点，所以这就要求教师具备一定的专业素质和技能水平，并能够站在专业的角度对学生进行指引，以保证整个教育工作的指导效果和服务质量。因此高校需大量引进专业的心理辅导教师，加大对该方面人才的培养，定期对相关人员进行培训，制定科学合理的考核制度，为贫困大学生提供足够的人文关怀。

第五节　浅析残疾大学生心理健康问题
与应对策略

残疾是指人的身心功能存在缺陷，包括不同程度的肢体残缺、活动障碍、体内器官功能不全、精神情况和行为异常、智能缺陷等。目前，我国高校招收的残疾大学生基本是身体存在某些缺陷但生活能够自理的残疾学生，主要为视力残疾、听力残疾和肢体残疾。残疾大学生是兼具残疾人和大学生双重身份的特殊群体，他们由于缺乏生活知识和社会经验，在升学、就业等方面容易产生焦虑、困惑和不安的情绪。另外，由于身体存在缺陷，他们在生活、学习和就业方面遇到的困难比普通大学生大得多，因此他们的心理会承受更大的压力，同时他们又担心被别人嘲笑而不愿主动与人交

流沟通，因而也无法获得适当的支持与帮助。以往我们只在物质上关心残疾人，而忽视了他们的内心感受，从而使得一些残疾大学生出现心理问题却不能得到及时的疏导，这不仅会影响到他们自身的发展，也会影响社会的和谐，因此残疾大学生的心理健康更应受到重视。

　　本节通过文献资料法、调查访问法对我国残疾大学生心理健康研究的现状进行分析，并对其主要心理问题的表现形式及成因进行综述，进一步分析当前残疾大学生心理问题研究的现状和局限性，以便找出提升残疾大学生心理健康水平的途径。

一、残疾大学生心理健康研究的现状

　　目前，有关残疾大学生心理健康的研究可分为两类，一类是实证研究，主要研究方法包括心理测量法、统计分析法、问卷调查法、案例法等。对残疾大学生心理状况进行测量的工具有很多，使用较多的是综合评定量表和人格特征评定量表，前者如症状自评量表、焦虑自评量表、抑郁自评量表、社会支持评定量表等；后者如大学生人格问卷、十六种人格因素问卷、埃里克森人格问卷等。还有一些自编问卷，用量化的方法研究残疾大学生心理健康水平其影响因素。另一类是文献研究法，主要倾向于描述残疾大学生心理健康的现状、影响因素和解决对策。

　　当前，对残疾大学生心理健康研究的局限性主要表现在以下几个方面：一是研究工具缺乏合理性，在心理测评工具上，采用针对普通学生进行心理健康诊断的量表来测试残疾大学生，且这些量表大多从国外引进，信度和效度上都有待验证；二是研究方法缺乏多样性，量化研究虽占较大比例，但干预训练的实证研究较少；三是研究范围狭窄，基本都集中于心理健康水平研究，对自我认知、情绪、意志、人际关系、社会适应、恋爱等方面的研究较少；四是研究方向主要是消极心理学，主要是以心理问题、心理疾病的诊断与治疗为中心，较少从积极心理学的角度进行研究，缺乏对人类积极品质的研究与探讨。

二、残疾大学生心理问题的表现形式及成因

1.残疾大学生心理健康问题的表现

国内外的研究均表明，不同的个性特征和外界环境因素导致的各种负面生活事件与心理健康之间有着密切的联系。残疾大学生往往要比普通人经历更多的负面生活事件，据相关调查结果显示，残疾大学生更容易出现心理问题。残疾大学生存在的心理问题除了学生中常见的学业问题、人际关系问题、恋爱和性问题、与求职有关的心理问题、家庭关系问题等，还有以下特点：

（1）自卑、孤僻。表现为不敢正视自身的生理缺陷，认为自己低人一等，对未来缺乏信心，从而自我怀疑，贬损、低估自己的能力，加之他们在生活、工作中遇到的困难比一般大学生要多，因此如果不能从周围人那里获得帮助和理解，又或者周围人过度关心和帮助他们，都会让他们更加否定自己。

（2）情绪不稳定，敏感多疑，自尊心强。表现为对人际交往活动产生偏见和误解。他人如果有任何可能伤害到他们自尊的言行，则会立即采取愤怒或自卫的手段来报复，这常会导致他们情绪反应激烈，情感表现暴躁，一旦发生冲突，常采用简单粗暴的方式解决。也有的残疾大学生会把这种痛苦隐藏在心底，显示出冷漠和无奈。

（3）依赖、退缩心理。表现在遇到自己不能做或做不好的事时，通常会过于依赖别人的帮助，而不愿意自己去想办法尝试。有些残疾大学生缺乏信心，常以残疾为理由来自我否定，缺乏克服困难的勇气。

（4）固执己见，性格倔强，好胜心强。表现为思维方式有明显的片面性或固执己见，常常以自我为中心，按照自己的意愿行事，我行我素。并且由于身体残疾，有的大学生希望在某方面更胜一筹，好胜心强。

2.残疾大学生心理健康问题的成因

（1）生理缺陷是造成心理问题的根本原因。由于生理缺陷，残疾大学生在成长过程中所形成的心理特征有一定的特殊性，视力、听力等缺陷直接导致其语言能力和思维能力的发展相对滞后，对事物的认识与普通人不同。另外，生理缺陷也限制了残疾大学生与人沟通、交流的范围与能力，容易使其形成孤僻和自卑的心理特点。

（2）家庭因素是造成心理问题的深层原因。家长过于溺爱和严厉都会对残疾大学生的心理健康造成很大危害。残疾大学生的成长环境相对较差，有的从小在父母和教师的关心和呵护下成长，家长过度溺爱；有些家长对孩子不闻不问，听之任之；有些残疾大学生寄宿在他人家；有的无固定监护人；有的父母离异或死亡；有的成长在孤儿院。这些都会导致残疾大学生的家庭教育有所缺失，造成其成年后缺乏安全感，进而形成自卑、敏感、依赖性强等心理特点。研究表明，家庭经济状况也是影响残疾大学生心理健康的重要因素。

（3）学业因素是造成心理问题的直接原因。残疾大学生往往面临着较大的升学、就业压力。教师如果忽略残疾学生的特点，使用简单、粗暴的教育方式，则会严重伤害学生的自尊心，使他们变得冷漠，消沉退缩。

（4）社会因素。社会上还存在歧视残疾人的问题，这使得残疾大学生感到孤立无助，容易产生自卑心理。周围人不恰当的行为和态度会使残疾人被排除在正常的社会生活之外，使得残疾大学生无法与他人建立亲密的关系，缺乏情感抚慰，导致其心情抑郁时无人抚慰，面临重大抉择时事情无人商量。

三、残疾人大学生心理问题的解决策略

残疾大学生存在的心理问题应该引起家庭、学校、社会的广泛关注。在日常教育中多管齐下，加强对残疾大学生心理问题的疏导，才能使他们

更好地适应大学生活，从而自力更生，实现自我价值。

加强专业技能教育，使残疾大学生能够自力更生，是提升其自信心的重要途径。高校应加强对残疾大学生的职业技能教育，帮助其在社会立足，像其他大学生一样融入社会，使残疾大学生能够实现自我价值，帮助其树立自信心。

目前，大部分高等院校都开设了心理健康教育课程，通过相关课程提升残疾大学生维护心理健康的意识，使其掌握调节情绪的方法，增强其处理人际关系的能力。但是目前课程的安排和课程的内容还不能完全满足残疾大学生的心理需求，应加快符合残疾大学生心理特点的课程的开发。

创设心理咨询室，建立大学生心理健康教育基地。建立残疾大学生心理成长档案，掌握残疾大学生的心理状况，以便于辅导员、咨询师及时和学生进行沟通，这样有利于掌握他们的所思所想、所忧所喜，以便找出他们心理问题产生的原因，给予有效的帮助和指导。

建立密切的家校联系机制，帮助残疾大学生健康成长。要加强家长和学校之间的沟通，了解学生的思想动态，及时发现问题。学校可定期开家长会，和家长共同确定学生的发展目标，有条件的学校也可以聘请专家定期讲解残疾大学生心理健康方面的知识，从而帮助家长掌握正确的教育方法，促进残疾大学生的健康发展。

第六节　浅析大学生中同性恋者的心理健康问题与应对策略

近年来，大学生中同性恋者的心理健康问题一直备受关注。他们往往会受自身和外界的多重压力的困扰而产生不同程度的心理问题，这不仅阻碍了他们的健康发展，甚至还会引发自残、伤人等校园恶性事件，因此加强对大学生中同性恋者的心理健康教育就显得尤为重要。本节论述了社会对同性恋的认知和态度，分析了我国大学生中同性恋者心理健康问题的成因，并就高校如何加强他们的心理健康教育提出了对策和建议。

随着科技发展、社会进步以及人们认知水平的提高，同性恋已逐渐被大众理解和接受，但同性恋者仍旧是社会弱势群体，急需社会的关心和帮助。在同性恋群体中，也不乏大学生，他们一方面要面对来自家庭、学校、社会、心理等方面的诸多困扰，另一方面时常会受到同性恋人情感关系带来的伤害，思想不够成熟的他们容易产生自残、伤人等行为。对此，高校应加强大学生中同性恋者的心理健康教育，科学地进行宣传和引导，为他们营造和谐的校园环境。

一、同性恋的定义

同性恋是指一个人在性爱、心理、情感上的兴趣对象均为同性别的人，而不管这样的兴趣是否能够从其外在行为中表露出来。那些与同性产生爱情、性欲或恋慕的人被称为同性恋者，具体指对异性人士不能做出性反应，却会被与自己同性别的人所吸引的人。

二、社会对同性恋的认知和态度的发展历程

同性恋现象在我国史籍中多有记载。早在商朝就有"比顽童"一词出现，后世史书中也有对当时同性恋现象的记载，如《宋书·五行志》中提到"男风大兴，炽于女色，士大夫莫不尚之，天下咸相仿效"。由此可见，中国古代对同性恋行为是宽容的，同性恋者没有受到太多道德苛责。

到了近代，我国社会对同性恋群体的态度发生转变，出现不理解甚至

是排斥的现象。

时至今日，同性恋已不被我国的学术机构或组织认定为疾病和心理异常，社会舆论也越来越理性、宽容，但并不是每个人都能够真正理解同性恋者的心理状态，仍有一些群体和个人对同性恋者抱有偏见和歧视，同性恋群体的生存环境还有待改善。

三、我国同性恋大学生心理健康问题的成因

如今的大学校园，思想较为开放，有不少同性恋学生已勇敢"出柜"（指同性恋者和双性恋者公开性取向，也指跨性别者当众公开自己的性别认同），但更多的同性恋学生则选择在现实生活中隐藏自己的性取向，在虚拟的网络平台上释放天性。同性恋论坛、QQ、微信、赞客等针对同性恋群体开发的社交应用软件成了同性恋大学生群体互动的主要平台，他们在网络上公开自己的性取向，以此对现实社会进行试探。但在实际生活中，他们仍面临着各方面的压力，承受着这个"非主流"身份所带来的困扰。

1.同性恋大学生对自我身份的认同

自我身份的认同，归根结底是在回答"我是谁"这个问题。据调查统计，同性恋大学生对自我身份的认同普遍存在以下几种观点：有的认为同性恋是罪恶，内心充满了犯罪感和负疚感，希望能改正自己的不良倾向；有的认为同性恋是病，他们渴望通过心理咨询或医学治疗来恢复健康；有的认为同性恋和异性恋一样，是正常的性取向，他们接受并认同自己的身份，甚至敢于公开。

由于大学生的知识水平较高，对同性恋的认识也较为全面，因此大多数持有的是第三种观点。但即便如此，大多数同性恋者依旧惧怕在公开场合暴露自己的性取向，往往采取自闭或消极的方式来对抗，同时又希望同性恋群体能彻底被主流文化接受，也渴望得到同学、教师、家人、朋友乃

至社会的理解和支持，这种矛盾心理使得他们表现出隐秘、消极、不信任和割裂式的自我认同。

2.同性恋大学生面临众多外界压力

同性恋大学生的生活看似平静，但他们大多数人在承受自身心理负担的同时，还面临着来自家庭、学校、社会等各方面的压力。他们害怕辜负父母的期望，畏惧身边人的歧视，更因尚不够宽容、开放的社会环境而焦虑，对自己的未来感到彷徨和迷惘，自卑、自闭和自暴自弃等情感日积月累，使这一群体的心理健康状况令人担忧。

有调查报告显示，同性恋大学生在日常学习、人际交往、社会工作、参与活动以及自主就业等方面普遍表现不佳，存在诸多困难。许多同性恋大学生因无法承受周遭环境的压力，缺乏良好的心理健康状态，不能把精力很好地投入到学习和生活中，导致成绩落后、生活脱节和就业困难等问题。

四、高校加强同性恋大学生心理健康教育的对策

在当今社会仍较不认可同性恋的大环境下，同性恋大学生的身心健康发展也容易被忽视，这就使得被边缘化的他们更容易走向极端，进而给校园和社会带来不良影响。为此，高校应注重对同性恋大学生的关怀和教育，为他们营造健康和谐的生存空间。

1.高度重视大学生同性恋问题

大学阶段是同性恋者出现身份认同的集中期，相较于社会上的同性恋者，大学生中的同性恋群体更值得被关注。而高校作为同性恋大学生学习和生活的主要场所，在教育管理中应高度重视该群体，不止流于形式，而是应真正做到时常给予他们足够的人文关怀，为其提供及时、有效的帮助和服务，促进他们健康地成长，从而保障高校校园的和谐与稳定。

2.营造宽松、和谐的校园文化环境

研究发现，同性恋者的心理失衡多是由环境导致，尤其是来自周围人群和社会舆论的压力。开放、包容的校园氛围对同性恋大学生保持良好的心理健康状态具有极其重要的作用。高校应加强对大学生的性健康教育，传递科学的同性恋知识，帮助大学生获得正确的认知，理性地探索和接受自己的性取向，并学会尊重不同于自己性取向的人群。同时，同性恋知识的普及也应面向高校教育工作者，以减少来自师长和同辈的偏见、歧视甚至伤害。另外，由于同性恋群体是性病、艾滋病的高发人群，所以高校也应重视生理卫生和疾病预防知识的宣传，帮助同性恋大学生树立自我保护意识，减少因无知带来的伤害。此外，高校还可借助互联网等媒体发布一些正面积极的内容，清除不健康的内容，以营造一个文明的舆论环境，帮助同性恋大学生树立自信，以更好的状态投入到学习生活中。

3.加强心理健康教育与辅导服务

高校辅导员作为大学生教育管理的一线工作者，首先应对同性恋学生有客观正确的认识，在日常接触中保持尊重、真诚、公正的态度；通过日常观察、心理普查、聊天访谈等方式尽可能地了解学生中同性恋者的情况，对该部分学生给予积极关注，时常关心，以缓解他们的心理压力，在发现他们陷入困境时，有针对性地实施心理辅导，提供帮助。

另外，高校大多设有心理咨询室，但许多学生对心理咨询的误解使得心理咨询室未能发挥应有作用，对于同性恋学生更是如此。因此，高校应强化对心理健康中心职能的宣传，加大普及力度，让同性恋大学生在遇到挫折或压力过大时能主动寻求心理咨询等帮助，以缓解负面情绪、重建自信，融入大学校园生活，为他们走向社会奠定良好的基础。

建立系统、高效的危机干预机制。目前，同性恋大学生承受着自身心理和外部环境带来的压力，容易产生抑郁、焦虑和痛苦等不良情绪，还存在因缺乏稳定的恋爱关系而造成的突发性情感受挫等可能，这些情况如果没有及时进行有效的纠正和干预，极易引发高危隐患，甚至出现自残和伤人的恶性事件。因此，高校在利用专业心理咨询服务实施干预的同时，也应健全及时、高效的危机干预机制，以综合预防同性恋大学生心理危机事件的发生。

促成已公开身份学生的家庭配合教育。目前，已有少部分同性恋大学生尝试向父母公开了自己的性取向，但大多得不到家庭成员的尊重与理解。高校应在可行范围内积极与家长进行沟通，帮助家长正确认识同性恋，引导家长接受孩子的性取向，重塑家长对孩子的信心，促使其与学校积极配合，共同做好对学生的教育工作。

今天，中国社会已经开始接受同性恋的存在，也不断有公众人物表明了他们的同性恋身份，并获得了社会的尊重。作为高校心理健康教育的工作者，更应该关注身边的同性恋学生群体，呵护他们的"秘密花园"，为他们的成长保驾护航，让他们在一个相对宽松的环境里成长，帮助他们拥抱精彩的人生。

第二章　大学生心理健康干预机制

第一节　加强大学生心理健康教育的措施
——高校文化活动

　　大学生是民族的希望，是祖国的未来。高校应认真学习马克思列宁主义、毛泽东思想和中国特色社会主义理论体系，加强思想政治教育工作，全面落实党的教育方针，以理想信念教育为核心，以爱国主义教育为重点，以思想道德建设为基础，以大学生全面发展为目标，坚持以人为本，贴近生活，努力提高思想政治教育的针对性、实效性，提高大学生的综合素质。大学生的心理素质影响其综合素质的发展，因此，要用正确、有效的方法和途径来加强大学生的心理素质，从而提高其综合素质。

　　高校文化是社会文化在校园活动中的反映和表现，同时，其对促进大学生心理健康具有良好的调节作用。健康的校园文化活动可以在心理鸿沟之上架起桥梁，有利于学生之间的相互理解和共同进步。如进行学习经验的交流，可以促进校风、学风的建设；举办辩论赛、演讲赛，可以促进学生认识能力和分析能力的提高；开展文体活动，则能增强学生的集体主义观念等。这类校园文化活动，不仅可以增强学生的体质，而且还能培养学生的观察力、记忆力、思维力、想象力、创造力，促进学生良好心理素质的形成和发展。此外还可以举办大学生心理健康知识讲座，通过游戏、互动的方式来加深大家对心理健康知识的认识，从而更加生动、有趣地表现出复杂的知识理论。

心理教育的宗旨是促进学生心理的良好发展，要实现这一宗旨，就必须充分唤起他们的主体活动意识，让他们积极主动地参与各种各样的高校文化活动。大学生心理要得到健康发展，必须通过高校文化活动，而活动又应是符合大学生年龄特点和为大学生所喜爱的。因此，高校文化活动既可视为学生心理健康教育的基本要素，又可视为学生心理健康教育的基本策略。高校文化活动缩短了心理教育与学生之间的距离，是在教师的指导下以学生为主体，通过学生的自主活动达到教育的目的，如组织学生开展讨论、表演、游戏、制作、实验、劳动等活动，寓教育教学于活动中，使学生在不知不觉中受到教育。高校文化活动能充分满足学生的自我表现欲，增强学生的自信心，让他们在实践中尽情地表现自我，享受成功的喜悦。同时，高校文化活动可增强学生的责任感，促使他们积极承担为家庭、为社会做贡献的责任。

21 世纪以来，我国的高等教育正在发生变革，人们已经认识到心理素质在培养大学生综合素质中的重要作用。我们要充分认识到大学生心理健康教育的重要性和必要性，切实做好大学生心理健康教育工作，以提高大学生的心理水平和心理适应能力，增强大学生的综合素质，为培养高素质人才贡献力量。

第二节　加强大学生心理健康教育的措施
——高校体育

　　高校体育与大学生心理健康关系密切，如何在高校体育中融入心理健康教育，既是高校心理健康教育的一个研究课题，也是学校体育工作者亟待研究与解决的问题。本节在探讨大学生心理健康水平与其体质、锻炼行为和身体认知结构的关系的基础上，遵循"面向全体大学生，以素质教育为理念，发挥高校体育与心理健康教育资源优势，增强大学生体质，提高心理健康水平，促进身心素质协调发展"的总体指导思想，从理论依据、基本原则和目标以及模式的基本建构等方面，探讨和设计高校体育与大学生心理健康互动模式。

一、高校体育和大学生心理健康互动研究的理论依据

1.以全面发展的教育方针为依据

　　高校体育和心理健康教育是全面发展教育的重要组成部分，它们与整个高等教育构成一个互相联系、互相贯通的大体系。德、智、体、美是全面发展的主要内容。高校体育在教育目标、教育功能上和心理健康教育有某些交叉和重叠之处，良好的心理素质有助于学生学习和掌握体育运动技能。因此，开展大学生心理健康教育可以为高校体育工作的实施与发展打下良好的心理基础，同时体育教学效果的提高又能有效促进大学生心理健康教育工作的开展。

2.以大学生身心发展规律为依据

遵循大学生身心发展规律，是高校体育和大学生心理健康教育能够实现互动的基本前提。大学生的心理发展依赖于其身体各方面的发展，生理上的发展为他们的心理发展奠定了基础。大学生的生理已经基本趋于成熟，但心理发展尚未完全成熟、稳定，许多心理素质还在建构之中。因此，大学生在成长过程中会遇到这样或那样的困扰和矛盾，会形成各种各样的心理问题，并且这些问题往往是发展性的，是成长中不可避免的矛盾，是一个从量变到质变的过程。

3.以社会对人才的需求为依据

培养高素质人才是时代和社会对高校教育提出的根本任务，具备良好的心理素质是现代社会对人才的基本要求。随着科学技术的迅猛发展以及知识经济时代的来临，社会对人才的素质要求更高了，如社会对大学生的进取意识、自主意识、社会适应能力、创新能力等提出了更高的要求，这些素质大部分都属于心理素质。只有心理健康的大学生，才能拥有良好的智力条件、顽强的意志品质和稳定的情感，才能正确对待暂时的失败和挫折，排除各种干扰，有效地投入学习，并促进自我全面发展，从而成为社会所需的人才。

二、高校体育和大学生心理健康互动模式的基本建构

充分挖掘高校体育教育资源，深入开展大学生心理健康教育，既需要有关部门的统筹规划、组织协调，又需要各部门、各方面明确分工，密切配合；既需要相关专业教师相互交流与沟通，优势互补，又需要多方面的配合和支持，以形成合力。建构科学、系统的互动模式是促进高校体育和大学生心理健康教育有效互动的基础和保障。目前，要想促进高校体育与

大学生心理健康教育的有效互动，就应着力构建以下三大系统。

1.立体化的组织领导体系

高校体育和大学生心理健康教育要实现有效互动，就必须建立一个立体化、多元化的工作管理体系，加强领导，从不同层面、角度、渠道开展工作。具体来说，学校可成立大学生心理健康教育领导小组，实行党政统一领导，由主管校领导担任组长，成员由学生工作处、团委、教务处、宣传部、后勤集团和各院系等有关方面负责人组成，领导小组负责指导和协调全校心理健康教育工作。

2.高素质的师资队伍体系

高校体育与大学生心理健康教育能否实现有效互动，很大程度上取决于从事体育教育和心理健康教育的教师队伍的心理素质和业务素质，但目前心理健康教育和高校体育师资队伍的专业素质还远远不能适应高等教育飞速发展的客观形势，远远不能满足广大学生日益增长的心理健康需要。为此，必须从提高教育者自身的心理素质和业务素质两方面来加强心理健康教育和高校体育师资队伍体系的建设。

提高教育者自身的心理素质，主要有两条途径：第一，通过教育者自身的努力学习，不断提高其思想道德水平和心理健康水平；第二，在心理健康教育中心的协调组织下，强化心理健康教育专（兼）职教师和体育教师间的交流和互动，通过教育者之间的优势互补，共同提高心理素质。

在提高教育者的业务素质方面，主要采取以下三种办法：第一，定期培训与考核；第二，加强教研活动；第三，合理配置师资力量。

3.高效益的互动运作体系

（1）大学生心理健康状况信息的收集与反馈

第一，制定科学的大学生心理健康普查方案，积极开展心理健康普查工作。新生一入学，即全面开展心理健康普查工作，为每一位大学生建立心理健康档案，对普查中发现的各种心理问题，要加强跟踪、指导，提高心理咨询和干预治疗的及时性、有效性。第二，加强对大学生心理健康状况信息的收集。除了通过心理普查收集大学生的心理健康信息，任课教师和管理人员还应在平时的教学和管理工作中发现学生出现的心理健康问题或集体性的心理变化趋势，并及时将信息传递给心理健康教育中心，由专人对信息进行归类、分析、整理和存档；第三，建立顺畅、有序、严格的心理健康信息反馈机制。心理障碍问题涉及大学生的隐私，因此，在反馈心理健康信息时还应做到传递有序、范围适度。具体来说，共性的心理健康状况信息应及时传递给教育者和管理者，个别严重心理障碍者的信息应反馈给心理咨询中心、治疗中心和直接管理人员。

（2）高校体育与心理健康教育互动的渠道选择

第一，重视高校体育教学与心理健康课堂教学的主渠道、主阵地作用。教师在深化体育教学内容改革，丰富心理健康教学内容的基础上，通过课堂教学普及心理健康知识，传授心理调适方法，使大学生了解并体会心理问题产生和发展的过程，帮助大学生消除心理障碍，提高其心理健康水平，从根本上预防心理问题的发生。第二，充分发挥课外体育、运动竞赛和非心理健康教育课堂的作用。根据大学生在不同发展阶段普遍存在的心理问题，应适时举办群体性活动，组织多形式的讲座和报告，帮助学生解答疑惑，如将新生心理健康教育的重点应放在尽快适应新环境上，帮助其完成从中学到大学的心理转变等；对于二、三年级的学生，应主要帮助他们解决专业和人格发展等方面的困惑；对毕业生来说，心理健康教育的重点应放在就业心理调适和职业生涯规划上。第三，营造文明、健康的校园体育文化氛围。校园体育文化是学校特有的一种文化现象，健康、积极、向上的校园体育文化氛围会潜移默化地优化学生的心理品质，促进体育活动的开展。高校要利用校园广播、互联网、校报、橱窗等宣传媒体，宣传体育知识，普及心理健康知识。第四，积极扶持大学生群体社团，以大学生喜爱的运动项目为载体，开展丰富多彩的文体活动和心理健康教育活动，使大学生的心理健康教育和高校体育不再囿于传统模式。

第三节 加强大学生心理健康教育的措施
——课堂教学

课堂教学作为我国大学生心理健康教育的主要方式，在高校心理健康教育工作中发挥着独特的作用，但也面临着诸多困境。本节分析了我国大学生心理健康教育课堂教学的问题，包括未体现出心理健康教育的特色、内容针对性不强、不符合大学生发展阶段的需求等，并据此提出了"面与点相结合"的教学模式，即在概述心理健康教育重要课题领域的基础上，根据大学生的心理发展现状和发展需求，对不同大学生群体进行有针对性的教育指导。

大学阶段是人生转折与发展的重要时期，也是学生心理问题的高发阶段。由于学业竞争、择业困难、人际及恋爱关系等方面的压力，大学生心理问题检出率呈居高不下的态势，大学生心理健康教育也越来越受到重视。2001 年教育部颁发《关于加强普通高等学校大学生心理健康教育的意见》，将课堂教学作为我国大学生心理健康教育的主要渠道。2011 年，教育部又颁布了《关于印发〈普通高等学校学生心理健康教育工作基本建设标准（试行）〉的通知》和《关于印发〈普通高等学校学生心理健康教育课程教学基本要求〉的通知》，进一步明确了课堂教学在我国大学生心理健康教育工作中的地位和作用。然而，课堂教学作为目前我国大学生心理健康教育的主要渠道，在教学效果方面尚不尽如人意。

一、我国大学生心理健康教育课堂教学的独特性与重要性

经济发达国家的大学生心理健康教育起步早、发展快，逐步从早期的矫正性治疗发展到当前的预防性、发展性指导，其心理健康教育的服务内容主要包括职业和学业选择指导、学生的社会问题和情绪问题咨询、对问题学生进行行为治疗和具体的学业指导等。我国的大学生心理健康教育工作起步较晚，且存在学生基数大、专（兼）职教师不足、专业机构缺乏等诸多困难。经过 20 多年的发展，我国大学生心理健康教育工作的领域逐步拓宽，水平不断提高，在借鉴国外先进理念的基础上结合我国国情，形成了以课堂教学为主，兼具个体咨询、团体辅导的大学生心理健康教育模式。

课堂教学作为我国大学生心理健康教育的主要渠道具有重要意义和作用。一方面，课堂教学是解决我国高校学生基数大、心理健康教育专（兼）职教师数量不足的有效途径，有利于让更多学生接受心理健康教育与指导。另一方面，课堂教学也是开展心理健康教育的有效渠道。有调查显示，我国大学生心理健康现状不容乐观，使用大学生人格问卷测查工具检出的一类学生（具有严重心理问题的学生）人数接近学生总数的 1/3，除此之外还有很多存在潜在心理问题的大学生。然而，事实上只有极少数的大学生能主动寻求心理咨询服务，更多存在心理问题和潜在心理问题的大学生因不了解自己的心理状态，或担心被贴上"心理有病"的标签而不敢寻求专业帮助。相对而言，心理健康教育课堂教学的形式更容易被学生接纳，能够为大学生提供发展性建议，以预防其心理问题的产生，也为存在心理问题

和潜在心理问题的大学生提供自我矫正与恢复的方法。

二、当前我国大学生心理健康教育课堂教学中存在的问题

1.教学形式上存在的问题

形式上多为大班教学，未能体现出心理健康教育不同于传统学科教学的特色。心理健康的标准不是个体掌握多少"正确"的心理健康知识，而是是否拥有积极的情感体验、适度的情绪表达与控制、切合实际的生活目标、完整与和谐的人格、恰当和清晰的自我认识、良好的人际关系等。因此，与重视学科逻辑结构和知识体系的传统学科教学不同，心理健康教育课应是集心理知识的传授、心理活动的体验、心理调适技能的训练为一体的综合性课程，应尤其重视学生的自我体验、分享及其在生活中的实践应用。但目前大学生心理健康教育普遍采取的是大班教学的形式，每个教学班包括2～3个行政班级，约100名学生。大班教学的一大问题是课堂互动受限，课堂上教师多以单向的知识讲授为主，将心理健康教育课定位为心理健康知识的普及课，因而难以开展丰富多彩的体验式活动及组织有效的分享讨论活动，使课堂教学失去应有的活力。

2.教学内容上存在的问题

内容上丰富全面但针对性不足，未能就学生的发展现状进行深入指导。从内容上看，目前大学生心理健康教育课涉及的范围是很全面的，包括了心理健康的基础知识（如心理困扰与异常心理的识别、心理咨询介绍等）、自我认识与发展（如自我意识培养、人格发展等）及各类心理调适能力（如学习、恋爱、就业、压力应对、生命教育等）。这些内容基本涵盖了大学阶段个体心理健康的方方面面，提供了从预防、指导到矫正、治疗的多方面

知识与技能。然而，大学生心理健康教育课一般只有 32～36 个学时，平均到每个主题就只有 2～3 个学时，如果每个主题都包括从讲授基础知识点到活动体验与讨论再到实践应用的环节，则各环节都只能蜻蜓点水、浅尝辄止，很难给学生带来触动，无法起到有效的指导作用。事实上，每个学生心理发展的短板和需求是各不相同的，比如有的学生可能在人际关系方面存在困扰，而有的学生则在学业或生涯发展方面需要更多的指导。这就要求心理健康教育课不能仅仅"全而泛"，还应做到面与点相结合，在对重要课题领域进行概述的基础上，根据学生的发展现状和需求进行有针对性的深入指导。

3.课程设置上存在的问题

个体是不断发展变化的，其心理状况也是随之变化的，在不同的发展阶段大学生遇到的典型问题可能存在不同。例如，一般新生的问题突出表现为新环境适应困难，难以应对各类变化；大二阶段开始涌现各类人际关系问题；大三阶段最突出的问题表现为学业倦怠、迷茫，职业生涯规划不明确；大四学生则最需要压力与挫折应对、就业困惑等方面的指导。可见，心理健康教育课不是一劳永逸的课程，其应伴随学生的整个大学生涯。但就目前大学生心理健康教育课的开展情况来看，课程往往被安排在大一进行，只有极少学校还开设了全校范围的心理健康教育方面的选修课，大一之后学生便很难再进行心理健康教育相关内容的学习。这样一方面，会导致心理健康教育课的学习内容与大一学生的发展特点不匹配，课堂教学内容与学生主体缺乏共鸣，难以激发学生的学习兴趣；另一方面，当学生进入新的发展阶段，出现相应的心理困扰和指导需求时，缺乏获得有效发展性指导的途径，进而可能会导致大量学生出现心理问题。

三、大学生心理健康教育课堂教学模式的探索

基于我国大学生心理健康教育课堂教学的独特作用以及其存在的问题，本节提出发展"面与点相结合"的大学生心理健康教育教学模式。一方面，压缩"面"的教育内容，即心理健康基础知识、自我认识与发展及心理调适能力等重要课题领域只进行基础知识与技能学习；另一方面，增加"点"的针对性指导，即针对学生心理适应发展相对较弱的课题领域及不同发展阶段的需求，进行更深入、更有针对性的学习。在现有课堂教学的基础上，主要进行以下几方面改进。

首先，基于学生的心理发展现状分班教学，对不同学生群体进行有针对性的指导。大一阶段除进行传统心理健康教育重要课题领域的教育之外，还应当增加基于学生发展现状的针对性指导。实践操作上可基于新生心理健康测评结果为分班教学提供依据。例如，教育部组织专家编制的《大学生心理适应量表》，从人际关系适应、学业适应、校园生活适应、择业适应、情绪适应、自我适应、满意度七个维度评估大学生在不同领域的心理适应现状。基于测评结果可以将新生按照心理适应发展的状况进行分班，进而对具有相同心理问题的学生进行有针对性的指导。

其次，根据学生不同发展阶段的需求，在其他年级开设心理健康教育相关选修课程。课堂教学在我国大学生心理健康教育中发挥着独特的作用，这也对心理健康教育课程提出了更高的要求，即需要伴随学生的整个大学生涯。除大一之外，还有必要针对不同年级学生的发展需求开设相应的心理健康教育课程，供有指导需求的学生选修。心理健康教育延伸课程亦属于"点"的指导，是围绕某一具体课题领域展开的深入而有针对性的指导，以体验活动和讨论小组为主，注重培养学生的实际应用能力和解决问题的能力。

再次，通过培训有条件的辅导员、聘请专家讲座等多种途径克服师资力量不足的困难，建立课堂教学的新模式。无论是基于学生的心理发展状

况进行分班教学，还是开设心理健康教育选修课程，都需要更多专业的心理健康教师。在"面"的普及教育中，应加强既有专（兼）职心理健康教育教师的专业技能和教学技能培训；在"点"的针对性指导中，可通过多种方式补充师资力量，例如，动员有条件的辅导员参与到心理健康教育的课堂教学中，充分调动社会资源、聘请相关领域的专家举办专题讲座或开展各类活动等。

第四节　加强大学生心理健康教育的措施
——危机干预

随着我国社会经济的迅猛发展，大学生所承受的心理压力越来越大，致使他们的心理健康问题也愈来愈严重。基于此，大学生的心理健康问题必须得到高校乃至社会的高度重视，并构建行之有效的大学生心理危机干预机制。这不仅有利于帮助大学生排除心理问题，还有利于推动高校乃至社会的和谐、稳定发展。可见，深入探索大学生心理健康问题与危机干预是很有必要的。

大学生的心理健康问题不仅会影响到大学生的学习和生活，甚至还会危及大学生的生命。由此可见，大学生的心理健康问题应得到高校乃至社会的广泛关注。如何应对大学生的心理危机，已成为当前各大高校无法回避的紧迫任务。所以，对大学生心理健康问题与危机干预进行深入的探索对大学生的健康成长来说是很有帮助的。

一、大学生的心理健康与心理危机

1.大学生心理健康的现状

目前，并不是所有的大学生都有严重的心理健康问题。很多大学生在遇到困难的时候，还是较为乐观的，他们通常会以积极的心态去克服困难。然而，还有很多大学生缺乏健康的心理状态，这些大学生在遇到挫折时十分消极，有些大学生会有较为严重的心理问题，甚至会有一定的自杀倾向，这对大学生的健康成长来说是非常不利的。由此可见，高校乃至社会必须对大学生的心理健康问题予以高度重视，若不及时采取对策，将不利于高校乃至社会的和谐发展。

2.大学生心理危机的类型

大学生心理危机类型主要分为以下两类：第一，发展性危机。它主要是指大学生在成长发展阶段可能出现的危机，例如，生活意义与生命价值感悟的问题、环境与人际关系适应的问题、现实自我与理想自我的问题、就业与求学的问题等，这些问题通常源于内在因素，并且具有一定的自我调节性和内生性；第二，情境性危机。它主要是指在大学生日常生活中可能出现的危机，例如，暴力伤害、考试失利、亲人离世、班干部竞选失败及失恋等，这些问题一般源于外在因素，并且具有一定的突发性。目前，大学生遇到发展性危机的概率比较大，但危害性却不大，而遇到情境性危机的概率相对来说比较小，但危害性却较大。

二、大学生心理危机的成因分析

大学生心理危害的成因主要体现在以下两方面。

1.主观原因

每个大学生的心理承受能力不同，一些大学生就算遇到困难也不退缩，反而会想办法克服困难，在此过程中，不仅增强了意志力，还获得了更好的发展。然而，还有一些大学生在遇到困难时会产生怯懦的心理并选择逃避，此时的他们并不能作出正确的决定，致使他们一直沉浸在消极的情绪里，最终会造成很坏的影响。由此可见，主观原因是导致大学生心理危机的主要原因。而主观原因大致包括以下几种：

第一，自我认知与思维模式差错。有些大学生尚未建立起正确的世界观、人生观和价值观，因此他们很难客观地评价自己，自我认知能力较差且无法控制自己的情绪，一旦遇到挫折，就会陷入无止境的负面情绪里；一旦获得奖赏，就会出现自我崇拜的心理状态。除此之外，很多大学生也难以形成发散式的思维模式，在认识事物和分析问题时，他们往往只顾眼前利益，并不能把眼光放得长远。

第二，个性缺陷。个性缺陷不仅与先天遗传因素有关，还受后天社会环境因素的影响。目前，很多大学生既没有良好的人际关系，又缺乏丰富的生活经验，很容易出现个性缺陷。不管是在生活上还是学习中，他们都没有较强的心理承受能力，一旦遇到困难就会惊慌失措。还有一些大学生难以适应校园生活，甚至丧失理智，伤害他人。

第三，抗压能力差。大学生尚未完全步入社会，他们憧憬着美好的未来，但是社会往往是残酷的，当他们真正步入社会之后，由于缺乏一定的抗压能力，他们很难接受如此巨大的反差。

2.客观原因

困难和挑战是日常生活与学习中无法避免的，若大学生不能及时解决这些问题，很容易引发心理危机。而这些困难和挑战主要来自以下几方面：

第一，学习方面的压力。很多大学生没有明确的学习目标，致使他们在学习中不思进取，最终导致他们学习成绩不够优越。由于学习成绩直接影响着他们的未来，所以他们在学习方面会有一定的压力，久而久之就会引发心理危机。

第二，人际交往方面的压力。集体生活让那些一直被父母娇生惯养的大学生有一种不适感，不同的文化习俗和生活习惯容易引起纷争。所以他们在人际交往方面会有一定的压力，久而久之也会引发心理危机。

第三，就业方面的压力。随着时代的进步，社会对大学生提出更高的要求，不仅要求他们具备过硬的专业技能，还要求他们具有一定的综合素质，致使大学生的就业压力不断增大，久而久之就会引发心理危机。

三、大学生心理危机干预模式

1.认知模式

认知模式主要适用于大学生心理危机状态的基本平复，使其逐渐接近于危机发生前的心理平衡状态。认知模式强调，大学生的心理健康之所以会受到心理危机事件的影响，就是因为大学生对心理危机事件产生了错误认识，而并非心理危机事件本身。

2.平衡模式

平衡模式主要适用于大学生心理问题刚刚发生的阶段。平衡模式强调，正是心理危机事件打破了大学生的心理平衡，让他们感到所要面对的危险事件不能用以往的应对机制进行解决，最终导致他们出现严重的心理健康问题。

3.心理社会转变模式

心理社会转变模式理论认为，大学生在遗传天赋和社会环境的影响下，不仅具有自然属性，还具有一定的社会属性。由于社会环境会随着大学生的成长而不断发生变化，所以大学生的心理危机既与内部因素有关，也与外部因素有关。除此之外，心理社会转变模式不仅有利于解决大学生的心理健康问题，还有利于指导大学生进行心理危机干预。

四、大学生心理危机干预对策

1.加强大学生的心理咨询工作

要想干预大学生的心理危机，就必须加强大学生的心理咨询工作，通过开展心理咨询工作，为大学生创造一个发泄情绪的平台；通过咨询师的不断引导，为大学生重拾信心奠定基础；通过构建完善的专业心理咨询机制，为大学生提供专业的心理咨询服务。

2.构建心理危机信息反馈系统

要想建立健全心理危机信息反馈系统，高校必须从以下几方面入手：一是构建心理危机处理的信息沟通制度；二是构建心理危机应急处理中的快速支援制度；三是构建心理危机先兆识别预警制度；四是构建心理危机干预机构值班制度。只有这样，才能及时掌握各种心理危机情况，从而有效干预大学生的心理危机。

3.制定心理危机预防制度

首先，高校应大力宣传处理大学生心理危机的相关知识，帮助大学生提高应对心理危机的能力；其次，高校应该积极组织教师和辅导员参加相关专题培训，以此来帮助教师和辅导员提高识别心理危机的能力，这对心理危机干预对策的有效实施来说是十分有利的。

4.营造良好的校园环境

一方面，高校应该定期开展各种各样的社会实践活动和校园文体活动，为大学生提供一个可以施展自身才华的平台；另一方面，高校还应该加大宣传力度，不断调动大学生的主观能动性，使大学生能够积极地参与到这些社会实践活动和校园文体活动中，这对干预大学生的心理危机来说是很有帮助的。

第五节　加强大学生心理健康教育的措施
——家校合作

大学生的心理健康发展对大学生的健康成长具有重要影响，而在大学生心理健康发展的过程中，家庭教育能够产生直接的影响，并且家庭教育能够与社会教育和学校教育产生密切的联系。在大学生心理健康问题日益严重的情况下，家庭、学校任何一方都不能单独解决问题，家校合作才是一条值得期待的解决途径，即家庭给予学校更多的支持，学校带给家庭更多的指导，双方通过有效的交流合作帮助大学生解决心理问题。

笔者通过查阅相关文献资料，从家庭因素的重要性、家校合作的必要性、家校合作的现状及问题以及对家校合作的建议四方面切入，旨在通过探讨家庭因素对大学生心理健康的影响以及学校与家庭对接时存在的问题，提出家校合作的相关建议。

一、家庭因素的重要性

大学生心理健康状况涉及家庭、社会、教育及学生自身等多种因素，其中，家庭因素尤为重要。家庭因素基本可以概括为家庭经济情况、家庭结构、家庭氛围、家庭教育四方面，这些因素对大学生产生的负面影响会积压在他们心头，成为其日后学习或是工作中引发心理问题的隐患。调查发现，许多心理问题发生在大学生未成年期，比如社交恐惧症发病年龄中位数在 7～14 岁，创伤后应激障碍的高峰期风险期为 16～17 岁，超过一半的抑郁症患者在儿童时期或青春期首次发病，而这时候他们的成长环境主要还是家庭。因此，应提高对家庭因素的关注度，从根源上预防大学生心理问题的产生。

1.家庭经济状况

家庭经济状况是影响大学生心理健康的一个重要因素，这主要关系到学生平时的生长环境、接触人群、受教育程度等。大部分家庭富裕的大学生从小受到的良好教育有助于其心理健康水平的提升。而有些贫困家庭的大学生还必须依靠贷款、助学金、勤工俭学等助学途径来完成他们的大学学业，这使他们在日常的学习和生活中容易感到自卑，增加其自身的心理负担，为其心理问题的产生埋下隐患。因此，家庭经济情况对大学生心理健康的影响不容忽视，尤其是对贫困家庭的大学生，更应该给予关怀和重视。

2.家庭结构

大学生在不同的家庭结构下成长自然会受到不同的影响。其中，单亲家庭和重组家庭中的孩子更容易缺乏归属感和安全感，对人际关系会更加敏感；独生子女则更容易形成以自我为中心的人格特质，不善于处理与周围人的关系，承担责任的能力也稍差一些；留守家庭中的孩子往往缺少关爱，容易自卑、封闭。家庭结构在形成之前，其对大学生产生的影响就已经发生了，并且一直延续到大学，有可能成为许多心理问题的诱因。

3.家庭氛围

家庭氛围主要指家庭成员间的亲密程度，其会对大学生的幸福感产生重要影响，从而影响到大学生的心理健康状况。这一影响最直接的来源就是父母关系，父母关系不和谐常常导致他们的子女不善于表达自己的情绪，心理压力得不到及时宣泄，容易诱发心理问题；父母关系密切，则对子女心理需求的包容性更大，家庭成员交流沟通更顺畅，有助于子女的心理健康。

4.家庭教育

家庭教育主要是指父母对子女的教育，这在子女的中小学教育阶段占有重要地位。因此，父母的文化水平、受教育程度及职业都会影响到其对子女的教育，父母的期望与观念可能成为子女压力的间接来源。相比之下，综合素质较高的父母更善于理解和尊重子女，能较好地注意到子女心理情况的变化，能够与他们进行更有效的交流，并及时指导他们解决问题，在这种教育环境下成长的大学生往往具有更好的心理素质。

二、家校合作的必要性

1.家庭是大学生心理问题的根源

家庭是大学生形成自身人格的基本环境，其对学生的心理健康也会产生根本性的影响。大学生心理问题往往是由于家庭因素对其心理造成打击，或者是遇到问题时家人没有起到积极作用，所以在大学时期他们再遇到类似问题时便会暴露出其心理弊端。学校在解决学生的心理问题时若能与家庭合作，便能从根源上发现问题，更高效地帮助大学生解决心理问题。

2.家庭方面可作为学校的推手

对学生而言，师生关系并没有亲子关系那样亲密，学生与教师交流时并不能做到完全的坦白，学生会害怕暴露自己的某些缺点而采取有选择性地隐瞒的方式，这对学校解决大学生的心理问题来说是不利的。相较于学校的契约性而言，家庭关系更具有盟约性，可以缓解学校在心理干预过程中出现的矛盾与冲突。而且在家长的帮助下，学校也可以更好地找出问题所在、鉴别问题类型，从而制定更好的解决方案。

3.家校双方都不能独自解决问题

大学生心理问题的解决需要家校双方的通力合作，任何一方都不能独自发挥完全作用。大部分高校的心理健康教师更多关注的是事发后的补救措施，而未着眼于家庭因素的根源性，很难彻底解决大学生的心理健康问题。学校的有效引导能帮助大学生正确地认识来自家庭的各种压力因素，将自己从心理压力之中释放出来。利用家庭影响的基础性作用与学校心理疏导的指导性作用，将学校教育和家庭教育结合起来才是构建大学生心理健康的重要途径。

三、家校合作的现状及问题

家校双方的有效合作目前还处于"纸上谈兵"的阶段，没有完整的规划，可操作性不强。双方都存在问题，家长对学生情况的漏报和瞒报、高校忽视与家庭的沟通等问题都影响到双方的合作成果。

1.家庭方面的问题

近年来，大学生的心理健康问题受到社会各界的关注。2013 年国家统计局的调查结果显示，约有 240 万大学生面临较为严重的心理问题，而这个数据还在逐年上升。从调查收集的三所高校的本科生的症状自评表来看，约有 1/3 的大学生面临着心理方面的困扰，强迫症、人际关系敏感等心理问题更频繁地出现在大学生群体之中。为准确掌握学生心理的健康状况并及时作出干预，各大高校都在完善本校的心理健康体系，但目前，学校承担了几乎所有的大学生心理干预指导工作，而大学生成长的家庭却没能发挥更积极的作用。不可忽视的是，家庭是大学生形成自身人格的基本环境，其对大学生的心理健康会产生根本性的影响，当学生出现心理问题时，不能仅仅依赖学校，应从学生出生、成长的家庭环境入手寻找问题的根源，这就需要家庭、学校通力合作，共同促进大学生的健康成长。

2.学校方面的问题

一方面，大部分学校缺乏资金支持和专门负责家校合作的职能部门，使得家校合作实施起来存在诸多困难，在人力、物力、财力、精力等方面都捉襟见肘。这种情况下，学校自然会放弃或者说只做表面工作。另一方面，很多学校开展新生入学会、家长会等活动时更加注重的是学校的宣传，而不是与家长交流合作以预防大学生心理问题的发生。学校往往是在学生出现了问题之后再通知家长，但这时家长容易产生消极情绪和抵触心理，很难理性与学校合力解决问题，使得双方的合作很难开展。

四、家校合作的建议

1.完善沟通的方式与途径

学校应在沟通方式上兼顾传统与流行，通过书信、微信、电话等形式将学生在校的生活状态告知家长，使家长能够及时了解孩子的心理状况，同时还能向家长了解学生的家庭情况。另外，家访、家长会这种面对面的交流方式也是不能缺少的，毕竟面对面的交流能够更直接地发现问题并且一起寻找解决方案。

由于每个家庭的文化背景、经济情况、家庭结构不同，家长参与教育的行为、家校合作的进行程度也会有差异。针对不同家庭存在的具体问题，学校可在学生入学或放假时，以小型探讨交流会的形式对家长进行短期培训，内容涉及帮助子女更好地适应大学生活、更好地与人沟通等。通过这些短期培训使家长对家校合作有更深层次的认识，最大限度地发挥学校心理咨询团体的价值。

2.建立档案

创建档案，有据可查。一方面，可以在心理问题出现或者恶化之前进行干预，以减小损失；另一方面，可以在发现问题后寻找问题根源，便于对症下药。为有心理问题的学生建立档案，应收集三方面的内容：第一，大学生原生家庭状况、经历过的重大事件等；第二，大学生性格品质、心理问题属性等反映心理状况的资料；第三，大学生的人生理想、兴趣爱好等。创建档案有利于全面掌握大学生的信息，只有全面、客观地了解他们的心理健康状况，才能为科学、有效的教育管理提供理论依据。

3.培养专业队伍

借鉴现有家校合作方面的经验，高校应建立专门推动家校合作的职能部门，致力于研究、改革家校合作。此外，学校要主动完善家校合作的沟通机制，使其组织化、制度化，以确保家校合作的连续化、规范化和长久化。学校还可以招聘更多德才兼备的全（兼）职心理健康指导教师，并定期对教师队伍进行专业培训，建设一支专业的心理健康教育队伍，使其成为家校合作的策划者、组织者、参与者和指导者等。

在大学生心理健康问题日益严重的背景下，家校合作的重要性和必要性毋庸置疑。虽然家校合作在我国并无太多可借鉴的经验，但这是一条值得我们去探索、实践并不断完善的解决途径。相信在家庭和学校的共同努力下，当代大学生的心理健康问题能及时得到疏导。

第三章　大学生心理健康教育创新研究

第一节　朋辈心理辅导：大学生心理健康教育的
积极探索

　　朋辈心理辅导是我国在大学生心理健康教育方面进行的积极探索。我国在其应用模式、效用评估、现状及其影响因素等方面的研究已取得了阶段性成果。但从内涵发展、研究方法、研究类型等方面的成果来看，我国的大学生朋辈心理研究数量较少且质量不高；相关干预效果研究思路不够全面，研究方式单一，缺乏验证持续性作用的追踪研究和提供全面数据的现状差异调研，并缺乏中外朋辈心理辅导效果的跨文化比较；对朋辈心理辅导的概念界定不清，缺乏全国性的规范化指导标准；等等。针对以上问题，我们可以在研究方法、研究思想、研究理论上不断改进，拓展研究空间。

　　从 2003 年华南农业大学组建的第一个朋辈心理辅导机构—阳光加油站，到 2013 年中国人民大学朋辈心理咨询中心代表团赴斯坦福大学进行交流访问，10 年间，我国高校开始逐步推广朋辈心理辅导工作，研究成果也逐渐丰富。本节以 2005—2015 年期间的《中国期刊全文数据库（CJFD）》的相关文献为依据，从朋辈心理辅导的内涵、研究方法、研究类型等方面，对我国高校朋辈心理研究的现状予以介绍和评价，并就其未来研究方向进行展望。

一、朋辈心理辅导的概念及其发展

朋辈心理辅导起源于 20 世纪 60 年代的美国。1969 年，美国学者威兰德（Vriend）发表了首篇朋辈心理咨询领域的论文。1984 年，集聚全美 501 个朋辈心理咨询推广合作伙伴的"全美朋辈教育联合会"成立。在美国，朋辈心理辅导有很多名称，如朋辈心理咨询、辅助性咨询、半专业咨询、朋辈帮助、同伴教育等。美国学者对朋辈心理辅导的内涵界定主要强调提供专业培训、朋辈式支持与朋辈领袖示范。如心理学家马歇尔夫（Mamarchev）提出"朋辈心理咨询是非专业心理工作者经过选拔、培训和监督向寻求帮助的年龄相当的受助者，提供具有心理咨询功能的人际帮助的过程"。目前，朋辈心理辅导被广泛运用于全美校园，主要形式为朋辈电话和门诊咨询、朋辈调解、朋辈伴读、朋辈健康教育等。

20 世纪 70 年代中国港台地区的学校率先引入朋辈心理咨询范式。在台湾，朋辈辅导多被称为"同侪辅导"。部分学者认为同侪辅导是半专业的助人者为其他学生提供倾听、同理与经验分享等，以协助同学探索自我、适应环境，增进自我成长的一种咨询方式。20 世纪 90 年代起，香港高校利用"学友计划""友伴 fun 享计划""朋辈辅导训练课程"等方式推广朋辈支持和帮扶计划。台湾学者也进行了大量的学校朋辈心理咨询的实证研究，特别强调对朋辈辅导员的系统训练和评估。目前，台湾地区 73% 的高校建立了朋辈心理咨询组织。与港台地区相比，内地的朋辈辅导咨询范式总体起步晚，但发展较快。《心理倾诉：朋辈心理咨询》一书的作者陈国海提出，朋辈心理咨询是在人际交往过程中人们互相给予心理安慰、鼓励、劝导和支持，可以理解为非专业心理工作者作为帮助者在从事一种类似于心理咨询的帮助活动。与美国的概念界定相比，中国的概念界定更笼统、限制更少、更少强调专业培训，而更多地具有思想政治教育的味道。但结合国内外的研究来看，朋辈心理辅导都具有同龄人参与、自助助人、心理支持、半专业培训的特点。

二、大学生朋辈心理辅导的研究

1.研究方法

目前，我国大学生朋辈心理辅导的研究成果多为思辨的质性探讨，主要集中在对朋辈心理辅导的效用分析、模式探讨、实施途径等方面。大多数的学者认为。朋辈心理辅导比专业心理咨询更具有自发义务性、亲情友谊性和简便有效性的优势，既能缓解大学生心理咨询需求量大而高校专业咨询教师少的困境，又是一条提高心理健康教育实效的捷径；也有学者提出朋辈心理辅导是大学生获取社会支持的新途径，对大学生心理危机干预有积极作用。针对朋辈心理辅导的模式和途径，一些学者提出了不同构想，有些学者建议采用"心理咨询师—辅导员—朋辈组长—新生宿舍"的阶梯式分层心理互助模式进行大学新生入学适应教育；有的学者提出建构宣传、熏陶、帮助、咨询、干预活动的五位一体的大学生公寓朋辈心理帮助体系；还有的学者提出开展互助式心理训练、互助式心理咨询、互助式心理辅导、互助式心理激励的立体化朋辈心理辅导模式。但现有的研究更多的是对朋辈心理辅导的构想，而缺乏对具体操作方式的实践验证，因而研究质量普遍不高。

2010 年后，更多学者开始用量化研究探索朋辈心理辅导在我国高校的应用，对其现状、作用、评估工具等方面进行了一些实证研究。许多学者用自编问卷对所在高校的朋辈心理工作进行了基础调研，收集各地高校学生对朋辈心理工作的接纳度、各校朋辈心理工作开展的深度及广度、朋辈心理辅导员培训前后的角色认同和人格变化、接受朋辈心理辅导后的个体或集体的心理素质改变情况等数据资料。量化研究的增多推动了对朋辈心理相关工具的研究。心理学博士葛缨提出的大学生朋辈心理辅导包含主观认知与客观资源两方面及内涵理解、人员要求、辅导作用、辅导原则、客观资源、财力支持、人员支持、设施支持等。单云丽则以模糊评价法建立了朋辈辅导员绩效考核层次结构模型，用来考核朋辈辅导员的工作效果。

2.研究类型

综合上述文献，有关朋辈心理辅导的研究类型可以从内容取向和过程取向两个方面展开。内容取向的研究者主要以关注朋辈心理辅导的内容为主要导向，如形式、培训课程建设等问题；过程取向的研究者则关注朋辈心理辅导过程的现状、作用、评估及影响因素等问题。

（1）朋辈心理辅导形式的研究

由于结合了心理健康教育和思想政治教育的形式，朋辈心理辅导的形式变得更为丰富多样。依据辅导群体的不同，可分为朋辈个体心理辅导和朋辈团体心理辅导，多数学者认为团体形式更能体现朋辈辅导的便捷性和有效性；依据辅导方式的不同，分为面谈和非面谈方式，其中非面谈方式包括网络心理辅导、热线咨询、书信辅导等，多数学者认为非面谈形式更利于展现大学生的真实感受从而找出问题的真正原因，同时非面谈方式不受时空限制，隐蔽性强，因而更受大学生欢迎；依据辅导载体的不同，又有社团、班级、寝室和楼栋等多种朋辈心理辅导平台，其中以班级心理委员开展的朋辈心理互助活动推广性最强、影响力最大。

（2）朋辈心理辅导课程的研究

一些研究者针对朋辈辅导员的选拔、培养、管理提出了不同方案。例如，根据不同年级朋辈心理辅导员的成长水平，搭建"阶梯式多元化"的朋辈心理辅导员训练平台；将案例教学法、团体心理辅导、素质拓展活动引入心理委员培训，从而提高心理委员培训的实效性与趣味性；基于朋辈辅导员胜任特征结构或者基于积极心理学理念和人本主义设计培训课程。

（3）朋辈心理辅导现状的研究

研究发现，不同地域的大学生朋辈心理辅导的发展水平是不同的，北京、长三角、华南等地开展时间较早，发展程度较高，但存在认同度高，了解度、参与度、满意度低的情况。例如，胡宇、成静、钟向阳分别对北京、南京、广州三地的高校朋辈心理工作进行问卷调查后发现，60%的大学生认为增设心理委员有必要且整体素质优良，83%的大学生认为朋辈心理辅导对其大学阶段的成长有一定帮助。在朋辈心理辅导的工作开展中，约有40%的心理委员因为不知道具体操作方法而常被认为不作为，心理委员制度的危机干预作用受限。虽然心理委员的工作积极性不高，工作的自我效能感较低，但对工作价值、人际关系满意度、自我的素质和个人能力提升的满意度较高。多数朋辈心理辅导员存在角色冲突困扰，这主要是因为学校与同学对其接受度和期望存在较大落差，同时由于缺乏朋辈辅导督导与评价体系，其持续成长需求与反馈需求通常不能被满足。

（4）朋辈心理辅导效果的研究

随着各大高校朋辈心理辅导的开展，研究者也逐渐开始关注朋辈心理辅导的实际效果和作用，该类研究主要集中在新生适应、危机干预、生涯规划等方面。例如吴素梅、侯玉婷、李虹岳等印证了朋辈心理辅导对大学生社交焦虑、自尊、异性交往、寝室关系等具有显著的效果，且其影响力能持续 3 个月以上。林静、朱美燕均发现朋辈心理辅导员在校园危机干预中具有重要作用，尤其是可以提供延伸帮助和起到危机干预后心理支持的作用。除此之外，朋辈心理辅导还有助于改善学生学习倦怠的情况，提高毕业生的心理适应能力，且在贫困大学生的心理健康工作中也有所应用。

（5）朋辈心理辅导角色的研究

过程取向的另一个视角是朋辈心理工作者。李云霞提出高校朋辈辅导员的胜任力由职业性格特质、人际沟通与协调、成就导向、职业态度和品质、自我成长的特质、广泛的相关知识和经验六个维度构成；龚琛琛发现心理委员的胜任力不足，尤其是助人特质最为欠缺。除此之外，一些研究发现朋辈心理辅导员在参与了朋辈心理工作后其心理品质有所提升。经过训练后的朋辈心理辅导员在强迫、人际敏感、抑郁、焦虑、躯体化等方面的分数显著降低；人格特质中的乐群性、怀疑性、忧虑性、自律性、紧张性等因子均有显著性改变；自我认知与评价、人际交往、情绪调控、环境适应等能力均有提升；整个朋辈心理培训团队气氛更好。

（6）朋辈心理辅导影响因素的研究

影响大学生朋辈心理辅导的因素可分为个体因素和环境因素。个体因素指朋辈心理辅导员或咨询员的个人素质；环境因素包括学校的重视程度、接受辅导同学的态度、朋辈辅导工作的宣传力度等。

朋辈心理辅导员的人格特质、品德修养、专业素养、心理素质、工作态度等因素都会对朋辈心理辅导工作产生影响。其中，与对专业心理咨询工作者的专业知识要求存在一定差异的是，67.9%的大学生最看重朋辈心理辅导员的个人品质，认为具有稳定性、乐群性、敏感性、自律性、有恒性分值较高而世故性较低的人格特质的个体更适合担任朋辈心理辅导员。此外，朋辈心理辅导员的自我认知、共情能力、辅导技巧经验也是朋辈心理工作效果的影响因素。但是，我国绝大多数高校的朋辈心理工作还处于初级阶段，难以获得学校在经费、场地、激励政策等方面的有效支持。研究发现，完备的专业培训、制度建设、充分的专业督导、适时的评价激励和充裕的资金支持，会有效提升大学生对朋辈心理工作的参与度与满意度。不容忽视的是，对以学生身份承担助人责任的朋辈心理工作者提供有效的督导有助于其工作效果的持续提升。

三、不足与展望

我国的大学生朋辈心理辅导工作还处于完善和发展阶段，虽然已经取得了阶段性成果，但仍没有得到全面普及，很多高校的朋辈心理辅导既缺乏完备的体制保障又缺乏规范的培训和督导，相关研究在方法、思路、效果上均存在一些问题。

1.研究方法

一方面是定量研究少且质量不高。当前我国的朋辈心理研究还停留在理论构思和经验总结阶段。为数不多的定量研究中准实验设计多，真实验设计较少且不规范。尤其是在朋辈心理辅导的实效研究中，因为影响因素众多，所以应该注意尽量排除时间、地点、个体差异等因素对朋辈心理辅导实验的干扰，真实确认接受辅导的大学生与未接受辅导的大学生之间的差异。另一方面，现有的质性研究中缺乏统一范式和规范化工具，研究者多数采用自编问卷评估朋辈心理辅导的效果。国外现已使用较为成熟的评估心理健康、幸福感等方面的行为实验测量方法，为朋辈心理辅导的效果评估及朋辈辅导员培训的效果评估提供新视角。因此，未来的朋辈心理辅导研究应在真实验设计基础上，探索更为有效的测评手段。

2.研究思路

尽管目前有关朋辈心理辅导的作用评估研究较多，但主要集中在新生学校适应、社交焦虑等方面，对干预效果的研究还需进一步完善。与其他类型的心理辅导相比较，朋辈心理辅导的优势论证缺乏实证研究。一方面，依据朋辈心理辅导的行为干预原理，国内研究需要更多地考虑辅导过程中朋辈示范、朋辈支持、自我预期的作用机制。另一方面，关于大学生朋辈心理辅导作用的研究范式单一，追踪研究较少，因而无法确定其持续性作用；现状调研不全面，缺乏对各大高校现状差异的调研；缺乏对国内外朋辈心理辅导效果的跨文化研究。因此，我国高校朋辈心理辅导的研究思路还有很大的拓展空间。

3.研究理论

国内相关研究文献中，对"朋辈"与"朋辈心理辅导"定义不清，朋辈成员构成混乱。国外研究强调朋辈心理工作者必须经过严格选拔和培训；但我国高校对朋辈心理辅导员的选拔培训并无统一标准，一些研究者更是将心理社团成员或班级心理委员等同于朋辈心理辅导员。未经专业培训的心理委员和社团成员在以朋辈心理辅导员身份工作时，不但辅导效果受影响，自身也会因此而产生困扰冲突。另外，朋辈心理辅导、朋辈心理活动与朋辈心理咨询的概念界定不清。国内朋辈心理辅导大多将活动、咨询囊括其中，但国外的朋辈心理辅导专指有准专业指导性的朋辈咨询。核心概念的明确对国内的朋辈心理研究来说十分重要。

除此之外，国内各高校朋辈心理辅导工作质量参差不齐，主要原因是我国没有规范、统一的朋辈心理工作标准，且朋辈心理工作缺乏校际合作。"全美朋辈教育联合会"早在 2002 年就对美国朋辈心理咨询的项目启动、项目实施、项目维护进行了标准化规范和指导。因此，我国有必要通过开展校际交流合作来提高朋辈心理工作的规范化和实施的深度广度。

第二节　主观生活质量：大学生心理健康教育的新视角

主观生活质量指的是个人对重要的需求、目标、愿望实现程度的主观评估。主观生活质量可以是对整个生活领域的全面质量评估，也可以是对某一特定生活领域的质量评估。研究证实，大学生主观生活质量与个体自身人格特质和认知因素有关，同时一些外在的环境因素也会对主观生活质量产生一定的影响。主观生活质量的相关研究给高校心理健康教育工作带来了很多启示，不断提高大学生主观生活质量也成了高校心理健康教育工作者的工作目标之一。

在过去很长一段时间里，高校心理健康教育工作者把工作重点放在对学生心理问题与疾病的事后干预与治疗上，然而相关研究显示，只关注心理问题的事后干预的做法对学生日后的健康发展是很不利的。积极心理学认为更有效的做法是在心理问题发生和发展之前先行培养大学生自身的积极力量，这种力量能使人更好地适应多变的环境并可降低心理疾病的发生概率，同时也可以改善大学生的学习表现，其中主观生活质量正属于心理健康教育工作者要努力发展的这类心理力量之一。对大学生心理健康的调查研究表明，大学生的主观生活质量与他们的不良行为间呈显著的负相关关系，大学生低水平的主观生活质量与物质滥用、暴力行为之间存在一定的关系。可见，学校在对学生进行心理健康教育时有必要关注学生的主观生活质量。

一、概念的提出

生活质量的早期研究者强调个体生活中的各项客观指标，如收入水平、健康水平、受教育水平、消费水平等，而现在的研究者则更关注生活质量的主观指标。有观点认为，生活质量是"源于一个人对自己整体生活的当前体验而产生的主观的幸福感受"。主观生活质量指的是个人对重要的需求、目标、愿望实现程度的主观评估。不难看出，主观生活质量强调的是个人的主观体验和评价，与个人的认知密切相关。

二、大学生主观生活质量的相关因素研究

当前，研究者们对成人的主观生活质量的研究成果丰富，而对大学生的主观生活质量的研究则稍显不足。查阅已有的文献资料，可把影响大学生的主观生活质量的相关因素大致分为两类：内部因素和外部因素。

1.内部因素

大学生主观生活质量的相关研究显示，性别、年龄和社会经济地位不会显著影响大学生主观生活质量，而大学生自身的人格特征则与他们的主观生活质量显著相关。

同时也有部分研究者试图探索与大学生主观生活质量相关的认知因素，大学生的归因方式是消极事件作用于主观生活质量的中介因素，具体来说，大学生在生活中经常经历消极事件会使其对生活的控制感减弱，倾向于将生活事件进行外控归因，进而导致其主观生活质量随之下降。

2.外部因素

越来越多的国外研究证实，居住环境、背景文化、生活事件等因素与大学生主观生活质量显著相关。早期研究发现，住在住宅区的儿童比邻商业区或工业区居住的儿童的主观生活质量稍高。一项针对背景文化结构影响主观生活质量的研究显示，生活于单一民族环境中的大学生会比生活于多民族杂居环境中的大学生体验到更多的幸福感。另外，相关研究表明，大学生的主观生活质量与其生活中积极事件和消极事件的出现频率相关。生活中的积极事件相较于生活中的消极事件更能影响大学生的主观生活质量。

家庭因素，如家庭教养方式、来自父母的支持、父母的婚姻状态、父母的关系等，都会影响大学生的主观生活质量。研究表明，尽管良好的同伴关系与大学生主观生活质量显著相关，但他们的主观生活质量与亲子关系的相关程度更高。父母间的关系比他们自己的外貌和他们对学业的自我评价更能影响其主观生活质量。

大学生的主观生活质量也与他们的校园经历相关。大学生低水平的主观生活质量与他们对学校与教师的消极态度显著相关。对教师与学校怀有积极态度的学生更能体验到较高的主观生活质量并表现出更多的社会期许行为。大学生较高的主观生活质量水平与其参与课外活动，如体育运动、俱乐部活动等的程度相关。

三、大学生主观生活质量研究对学校心理健康教育工作的启示

主观生活质量不仅是一种结果变量，它也可以作为外部环境与大学生行为之间的中介变量而发生作用，因此，不断促进大学生主观生活质量既是高校心理健康教育的最终目标之一，也是预防大学生问题行为产生的有效手段之一。

1.对心理评估方式的启示

学校传统的心理评估重在对心理疾病的严重程度进行评估，如使用SCL-90量表进行评估。对大学生主观生活质量进行研究为学校心理教育工作者提供了一种全新的工作视角，学校心理教育工作者应考虑对学生自身的积极力量与环境中的积极因素进行评估，其中就包括对学生主观生活质量的测量。对学生主观生活质量的日常测量能为学校心理健康教育工作提供重要信息，大学生主观生活质量量表作为筛选工具，对处于危机边缘的大学生能起到识别作用。已有研究表明，在各类学习问题（如辍学）与健康问题（如抑郁、自杀、呼吸道感染）出现前，个体的主观生活质量都会有所下降。显然，主观生活质量量表可作为一种心理健康问题的快速诊断工具。因此，对学生主观生活质量的评估不仅能在学生的心理问题与不良行为的预防工作方面发挥作用，也能为促进学生心理健康的工作提供方向。

2.对心理干预策略的启示

学校心理和教育工作者以改变大学生人格特质为目标而对其进行长期干预是比较困难的，与之相比，旨在提高学生主观生活质量的干预策略更

切实有效。这种心理干预策略可采取综合的方法，同时也应体现出学校、家庭和学生个人的共同努力。高校心理健康教育工作者可以采取短期认知—行为疗法，以改变学生的消极认知，如外控归因方式、低社会自我效能等，进而改变他们对人生的消极评价。与此同时，应当鼓励大学生参与有意义的校内集体活动、培养大学生解决问题的技能，让个人努力对干预过程发挥积极作用。另外，必须注意的是，家庭的支持对大学生的主观生活质量水平的提高具有重要意义，若能对家长进行必要的培训则会使干预过程更完整。对学生家长的培训首先应帮助家长认识到他们对学生心理健康潜在的影响力，然后帮助他们发挥家庭对学生的支持性力量。

3.对学校环境建设的启示

虽然主观生活质量是一种个人体验，但对它的研究已清楚地显示出生态因素的作用，可见，要提高学生的主观生活质量水平，不仅要改变学生个人，也要改造其周围环境。学生若对学校和教师持有积极评价，则更能体验到较高的主观生活质量，而且能够表现出更多的社会期许行为，那种只关注改变个体自身而忽视改造周围环境的干预过程明显是有所欠缺的，因此学校心理和教育工作者如能更多关注学生对校园环境的体验将有利于实现心理健康教育目标。学校应以提高学生主观生活质量为着眼点，建设积极的校园环境，如积极开展绿色校园建设、组织丰富有趣的学习活动、举办各种校园公益活动等，以增加学生在学校中经历各种积极事件、获得积极情绪体验的机会，这对提高学生的主观生活质量是有帮助的。

目前，国内关于大学生的主观生活质量的研究仍未全面展开，已有研究也主要限于特殊儿童，如多动症儿童、留守儿童、社交恐惧症儿童等群体。国外关于大学生主观生活质量的研究表明，大学生高水平的主观生活质量能预测更多的适应行为，与适应功能相关的各种变量与大学生的主观生活质量相关。但是主观生活质量的相关研究中大部分只是以一次性的相关研究为基础，变量间彼此相关的方向尚不清晰，需要更多设计严格的纵向研究对这些问题进行解释。不断促进学生主观生活质量既是高校心理健康教育的最终目标之一，也是预防大学生产生问题行为的有效手段之一。高校心理健康教育工作者应从当前研究中搜集有价值的信息，并在实践中自觉应用研究成果，对传统的学校心理健康教育进行必要的补充与改革，最终为实现高校心理健康教育目标服务。

第三节　音乐教育：大学生心理健康教育的有效途径

新时代背景下，党和国家领导人强调，应以新的方式推进立德树人工作，培养德、智、体、美、劳全面发展的社会主义建设者和接班人。积极尝试在音乐教育方面帮助大学生提升心理品质便是一条重要的途径。本节从大学生心理健康现状入手，分析音乐教育对大学生心理健康成长的促进作用，提出在音乐欣赏教学中促进大学生心理健康发展的途径。

音乐教育属于美育的一部分，它能提高学生心理素质、培养其审美情趣，以达到修身养性、净化心灵的目的，是开展学校德育教育工作，落实立德树人根本任务的重要途径。大学生是中国特色社会主义的接班人，随着物质水平的逐步提高，他们更需要心灵上的关爱和帮助，心理健康关系着他们一生的发展。因此，通过音乐教育帮助大学生心理健康成长具有重要意义。

一、大学生心理健康现状及原因分析

大学时期是人生道路的转折时期，是人生极为重要的关键时期。在这一时期，大学生在生理、心理、知识、智力等各个方面都有巨大的发展，他们不仅学习知识、发展智力，还需要寻求友谊，探索人生的意义，树立世界观、人生观和价值观。但同时，他们也面临着许多成长中的困扰和问题。

1.大学生面临的心理健康问题

学习方面，有的大学生容易紧张，对自我要求较高，常在考试前或考试中产生焦虑情绪，严重的甚至表现为焦虑泛化，出现食欲不振、失眠、呼吸困难等生理问题。还有的大学生面对学习压力，在屡次失败后会产生厌学的情绪，遇到学习上的问题和困难会采取逃避的态度，在学校被教师批评，在家受到父母的指责，因而对学习越来越排斥。

人际关系方面，有的大学生以自我为中心，在生活中父母对其百依百顺，在集体生活中很少能主动关心他人、宽容他人，这些人在与教师、同学意见不合或发生摩擦、矛盾时，往往不能采取正确的沟通和交流方式，甚至会变得孤僻、独来独往。还有的学生处在不和睦的家庭关系中，其性格专横、固执，再加上有的学生是单亲家庭，因而通常会感到自卑或得不到关爱。还有的学生尚处于天真、理想化的心理状态，一方面他们迫切希望自己独立，另一方面他们在学习、生活、经济上都需要依赖父母和教师，当父母或教师不能认同自己的观念或过度干涉他们的生活时，他们就会产生强烈的叛逆心理，有的甚至会走向极端，完全拒绝家长和教师的帮助。

2.大学生心理健康问题产生的原因

随着信息时代的发展，大学生可以接触到不同国家的文化、宗教信仰等，其中许多负面、不良的社会风气和思想会侵害他们的身心健康。有的网络游戏渲染暴力和色情，还有许多垃圾影音制品充斥着文化市场，这些都会导致大学生的世界观、人生观、价值观产生偏差，进而诱发许多社会问题。

家庭是人生的第一个课堂，父母是孩子的第一任教师。家庭教育对孩子的心灵成长有着潜移默化的深远影响。有的父母对孩子属于"溺爱型"，特别是隔代抚养的家庭，他们对孩子提出的各种物质要求有求必应，却疏忽了思想上的引导；有的父母属于"专制型"，对孩子方方面面都严格控制，却很少倾听孩子的心声，导致孩子出现叛逆或自卑心理；还有的父母属于"放任型"，孩子只管养、不管教，对孩子在学校的表现不闻不问，导致孩子学习习惯差，组织纪律性差，对任何事都采取无所谓的态度。

学校教育水平和管理水平的参差不齐也影响着学生的健康成长。在我国长期以来的应试教育体制下，学校追求升学率，看重学生的考试成绩，教师也要忙于如何帮助学生提高成绩。因此，学生的心理健康教育、素质教育常常被放到次要的位置。但学生在成长中除了需要学习知识来武装头脑，更需要在思想上获得引导，以便树立正确的是非观，将来成为社会的有用之才。

大学时期是个体心理发展的重要阶段，出现心理健康问题是很常见的，想要走进学生的内心，引导学生的思想，音乐教育有着比其他学科更独特的优势。

二、音乐教育对大学生心理健康发展的促进作用

音乐是心灵的迸发，它来自人们的内心，又对人的心灵产生反作用。柏拉图曾说："音乐教育除了非常注重道德和社会目的外，必须把美的东西作为自己的目的来探求，把人教育成美和善的。"因此，将音乐教育用于促进大学生心理健康发展是尤为重要的。

1.帮助学生自我认识与接纳

认识自我，是我们认识整个世界的起点；接纳自我，是我们与外部世界和谐相处的基础。大学时期是自我意识发展的重要时期，尤其是进入青春期以后，他们忽然意识到了"我"的存在，开始学习独立思考问题。在

这个过程中，针对自己的大量的反思难免给他们带来"迷失"的感觉。聆听、感受音乐不仅能帮助他们进行思考和领悟，还能帮助他们通过音乐与外部环境建立联系，在接触音乐的过程中回顾自己的童年，了解自己的喜好与个性，从而建立自信心，以积极乐观的心态接纳自我。

2.调节学生的情绪

心理健康的重要表现之一就是对情绪的良好感知和控制，这既包括对自己情绪的管理，也包括对他人情绪的感知。由于生理和心理的快速转型，大学生往往对外部环境十分敏感，情绪反应往往过于激烈，从而表现为冲动、易怒、暴躁、叛逆等。音乐是情感的艺术，欣赏音乐不仅能帮助大学生提高情绪的感知力，还能有效缓解不良情绪给他们带来的心理压力，帮助他们在学习音乐的过程中，学会感知苦痛、感知他人的情绪，进而帮助他们形成坚韧的心理品质。

3.帮助学生树立正确的人生观、价值观

有的大学生虽然没有表现出明显的心理问题，但每天得过且过，对自己的未来缺乏规划，这是一种亚健康的心理状态。对自己未来的职业生涯进行合理的规划，是大学生要面对的重大课题。合理的规划需要建立在正确的世界观、人生观和价值观之上，而诸如《我和我的祖国》《黄河大合唱》《旗正飘飘》《毕业歌》等具有中华民族特色的经典音乐作品，不仅能让学生感知革命先烈那不屈不挠的抗争精神，更能培养学生对青春、对生命、对祖国的热爱之情，帮助学生树立有追求、有理想的人生目标，潜移默化地影响着大学生价值观的形成。

三、在音乐欣赏教学中促进大学生心理健康发展的途径

1.以活动为主，强调主观体验，帮助学生融入课堂

大学生正处于自我认识和自我管理能力较弱的时期，想要对他们进行心理健康辅导不能只讲道理、摆案例，大多数学生都很难接受这样的方式。传统的音乐欣赏课只停留在介绍和聆听阶段，乐曲虽好，但缺乏与学生的互动。若在课堂上设计充满趣味性的音乐体验活动，如在播放一段音乐时，让大学生用左右手相互配合，根据教师提供的方法，学习配合音乐简单地打节奏。通过类似的团体训练活动帮助学生在轻松的氛围中进行参与和体验，既能减轻学生对课堂传统说教式教学的抵触情绪，又能降低学生在学习过程中的紧张感、压力感，使他们可以更自然地展现自己的特长与优势，体会课堂活动带来的情感体验。

2.开展合唱训练，促进学生互动学习，加强其信任与合作

处于同一年龄段的大学生在遇到问题和困惑时往往十分相似，而预防大学生出现心理健康问题的重要手段之一就是同伴的关心和帮助。相比教师与学生、家长与学生，同龄人之间更容易进行心灵的沟通。现如今合唱艺术已经与流行音乐、新兴音乐等"打成一片"，成了颇受年轻人喜爱的音乐形式。音乐欣赏课可以通过开展合唱训练的方式，一方面让学生接触、了解不同类型的音乐作品，开阔眼界，提升欣赏水平；另一方面也有助于增强学生的集体荣誉感和归属感。在学习合唱的过程中既需要同学之间相互交流、相互帮助，也需要他们相互配合、相互信任。因此，开展合唱训练能较好地促进学生形成良好、积极、健康的心理状态。

3.丰富教学内容，鼓励学生主动展示

科学研究表明，人的大脑两半球有一定的分工，左半球具备言语和抽象思维的功能，称为优势半球；但右半球的功能与空间位置、形状、音乐及情感等方面的信息有关，在生活中也有重要意义。音乐虽不能直接表达明确的思想，但它对称的结构、起伏的旋律、张弛的节奏都能对人的感官产生直接刺激，让大脑及神经系统放松或兴奋，帮助人们开发想象力。在课堂上可以通过色彩与音乐相结合、体会音乐的情绪、音乐冥想等形式充分调动学生的视觉、听觉、触觉、嗅觉，鼓励大学生在小组和班级里分享自己的体验与感受。在大学生从被动听到主动展示的过程中，不仅能提高他们的学习效率和记忆力，还能提高其心理素质和心理健康水平。

4.适时引导，为学生的成长保驾护航

学生在学习的过程中绝不是一帆风顺的，可能会遇到各种各样的问题。有的学生对音乐及艺术感兴趣，但认识较浅，了解范围仅限于流行音乐或街舞；有的学生一开始就认为自己五音不全，对音乐学习存在抗拒心理，这时教师就需要及时了解学生的心理状态，根据不同学生的情况进行适当的引导。因此，教师必须掌握教育学、心理学的专业知识，并根据大学生的身心发展规律有目的地开展教学活动，关注学生的成长动态，在教学过程中耐心地辅导学生，帮助他们克服心理障碍。

音乐教育对大学生的心理健康起着重要作用，也是开展素质教育不可或缺的重要内容。聆听音乐、感受音乐、分析音乐、记忆音乐、评价与鉴赏音乐不仅可以激发学生的学习兴趣，开阔学生的视野，更能丰富学生的精神世界，开发学生的潜能，提升学生的心理素质。教师要坚持科学的教育思想，遵循学生心理发展规律，采取正确的教学手段，将音乐教育与心理健康教育有机结合起来，有针对性地帮助学生实现心理健康发展。

第四节　案例法：大学生心理健康教育的
心灵方舟

本节将理论阐释与案例分析相结合，介绍了案例法的内涵和特点，并重点分析了案例法在大学生心理健康教育中的应用策略，旨在丰富大学生心理健康教育知识，提高大学生对心理健康教育的认识，增强他们的自我调适能力。

一、案例法的内涵阐释

19 世纪 80 年代，哈佛大学首先提出了案例法，被哈佛商学院用于更好地培养高级经理人才，提高商业精英的管理能力，后又被多家公司借鉴，用于更好地提高员工的综合素质。今天，案例分析法已经成了各个企业对员工进行培训教育及各类医疗卫生、教育教学研究活动中非常重要的教育培训方法。案例法最突出的特点是结合学生实际，把抽象的教育理论、教育知识、教育技巧和现实案例有机地结合起来，是学生进行分析讨论时最为重要的依据，也是帮助学生更好地提高理论知识水平、增强实践应用能力的重要纽带。

案例是对具体情境的客观描述。从心理学的角度来看，案例又被称作个案，是社会生活中的一些个别现象或者事件。首先，案例应具有真实性，必须来源于学生的实际生活，是学生生活中确实发生并且学生比较认可的一些事实，这些事实可能是某些学生的真实经历，或者是其他学生能够在生活中真切感受到的事件；其次，个案具有突出的典型性，虽然是某个学生或者某一事件，但是其代表着生活中的一类现象或问题，这一现象或问题在学生生活中经常见到，或在学生身上经常发生，也可能是每一个学生在生活中都会遇到的问题；再次，案例还必须具有启发性，能够让学生从具体的案例分析中认识到相关的问题，透过现象来反映本质性、规律性的东西，让学生得到更多启发。案例法旨在帮助学生认识现象背后的本质规律，帮助学生更好地拓展思路，进而促进学生更好地学习相关理论和知识，真正让学生从思想上认识、从行为上改变，教给学生具体的思考问题、解决问题的办法。

二、案例法的基本特征

案例法是对大学生进行心理健康教育的有效方法，能有效提高学生的心理健康水平，培养学生良好的人格修养，促进学生性格全面发展。案例法具有突出的问题性、明确的目的性、深刻的启发性、和较强的互动性。

1.问题突出

运用案例法对大学生进行心理健康教育，要给学生展现一个个非常鲜活的案例，每个案例都是特定的个人经历，而且是很常见的一些心理健康问题和行为问题，这些问题具有非常突出的特点，这些行为也具有明显的异常特点。引导学生进行心理健康学习就是从学生的学习和生活实际出发，让学生通过分析具体案例中所表现出来的明显的问题，找到问题的根源，分析这些异常行为背后的心理问题，让学生掌握相关的心理健康知识，以帮助学生更好地进行自我心理调适，提高学生的分析能力和自我调节能力。

2.目的明确

案例法是一种非常有效的心理健康教育方法。教师为了更好地提高心理健康教育的效果，实现预定的教学目标，要对案例进行精心选择、深入分析。在教学活动中，尤其是在具体实施过程中，教师应围绕学生存在的心理健康问题，结合教学目标，引导学生对相关的案例进行讨论思考、领悟总结。教师所选的案例应具有典型性，能够针对学生的实际生活，能够结合学生的心理发展阶段特点和突出问题。同时，教师应有针对性地对学生进行指导，以达到预定的教学目标。

3.启发深刻

案例法在大学生心理健康教育中具有比较明显的启发性。每一个案例都要在教师的引导下给学生带来启发，引导学生独立思考、深度分析，然后小组讨论。让学生在小组讨论的过程中相互启发、相互促进，实现思维方式的灵活转变、思维方法和观点的碰撞，不断拓展学生的思路，让学生获得更多的知识，丰富学生分析问题、解决问题的方法和技巧，加深学生对相关知识的认识程度，从而不断提高学生对各种心理偏差的认知能力和分析能力。

4.互动性强

案例法不仅要求教师引导学生对相关案例进行分析，更重要的是教师和学生能够很好地结合案例进行有效互动，让学生更好地分析现象、发现问题。通过师生之间、学生之间的对话交流，让学生能够得到更多的启发，获得更多情感共鸣，从而实现良性的教学互动，让学生在互动的学习氛围中获得更多的心理健康知识，促进学生更好地针对问题进行思考，以不断提高其自我调节能力。

三、应用案例法的步骤与要求

1.教师精心选择案例，确保学生真切体验

选择案例是对学生进行心理健康教育的前提，教师要针对学生的实际

情况，围绕教学目标，整理更多的教学案例，从中选择最适合学生的典型案例。比如，针对学生入校以后所表现出来的意志消沉、精神颓废等现象，对学生进行相关的心理健康教育，引导学生更好地守护心灵，重新燃起对学习的热情并发扬拼搏的精神。

案例：小刘是一个让家长引以为傲、亲戚夸奖不已的好学生，爱学习，有理想、有抱负、有追求。考进大学后，他刻苦学习，放弃了很多爱好，利用一切能够利用的时间学习，但还是感到自己比不上那几个优秀的学生，无论怎么努力，总是有一定的差距。于是，他开始怀疑自己，产生了自卑、嫉妒心理，甚至有了放弃理想的念头。渐渐地，他变得心灰意冷，开始放纵自己，偷偷抽烟、喝酒。

这个案例具有典型性、普遍性、真实性和代表性，很容易让学生获得情感上的认同，并且能够激发学生的兴趣，让学生针对问题去思考、去自我认知，提高学生的心理健康品质。

2.精心组织分析讨论，实现师生的有效互动

对典型案例进行分析讨论是实施案例法的核心环节，做好这个环节要求教师设计好相关的问题，为学生提供较好的话题，并结合学生的已有知识，围绕学生的心理特点，提出与学生的生活和教学目标密切相关的富有启发性的问题，让学生进行合作交流，并且能够和学生一起参与讨论，做好师生之间的互动。比如，为了让学生能够更好地了解人的情绪表现形式、学会控制情绪，教师通过多媒体播放动画，给学生介绍一些案例供学生讨论。

案例：体育课篮球训练，小文与小夕发生了肢体碰撞，小夕很生气地指责小文动作不规范、篮球技术差。小文很难堪，一生气就跑了，跑了一段距离后又原路返回，对着小夕歇斯底里地大吼："你真没教养！"说着，小文动起手来，在其他同学的竭力劝阻下这件事才平息下来。发泄了自己的愤怒之后，小文有些许的痛快。

案例中的情况司空见惯，在学生交往中经常发生。分析过案例，教师可以给学生提出问题：小文表现出来的是一种什么样的情绪？这样的心理

和行为表现具有哪些特点？根据你的理解，你认为小文这样的表现合适吗？接下来教师就可以组织学生进行讨论。通过具体的案例给学生提出一些问题，并针对问题组织学生进行合作交流，让学生能够站在不同的立场，从不同的角度进行分析，探讨事件背后的原因及解决措施，找出问题的根源。教师要鼓励学生根据自己的理解大胆思考、积极发言，并认真倾听学生所提出的各种问题和观点，尊重学生的观点和见解。同时，针对学生出现的问题或者偏离讨论主题的现象，教师应适时地进行引导，帮助学生对问题进行深入思考。

3.做好师生角色定位，认真做好总结评价。

实施案例法教学，教师不能简单地给学生灌输知识，而是要为其提供鲜活的案例，并组织学生进行分析讨论，做好激励指引。这时学生不再是被动地接受教师的说教，而是积极参与互动研究的主体，进而能够结合自身实际情况认真研究，在实践中加深认识，以实际行动实践相关理论。教师在引导学生分析讨论之后，应给学生留出更多的时间和空间，让学生对问题进行深入的思考、探究和总结，以形成自己的结论性认识。最后，教师要对学生进行总结性评价。

以上一个案例为例，教师在组织学生讨论小文的行为、心理特点以及应对策略之后，需要针对学生自由发表的各种观点和认识进行评价，允许学生有不同的观点和认识。这样就能很好地反映出学生的问题，实际上也是学生心理活动的表现，同时教师也应对相关现象进行深入的剖析和点评，对学生正确的认识加以肯定，对学生不同的思考方式加以赞扬。教师对案例的点评应做到因势利导、层次清晰、合乎情理，对学生出现的问题及不正确的认识应加以纠正，并提出一定的见解，最后还要归纳、补充相关知识，再对学生进行方法和技能辅导，提高学生的心理健康质量，让学生能够在教师的总结和评价中受益良多。

4.注重课堂有效延伸，确保学生能迁移提升

教师通过具体的案例，帮助学生更好地掌握相关的心理健康知识，提高学生的心理健康分析能力，加强对学生自身心理健康意识的培养，帮助学生更好地认识自己，善于分析自己的心理和他人的行为，掌握各种心理自我调适的技巧和方法，从而引导学生进行自我调适，提升心理健康水平。因此，要想真正地提高学生的心理健康水平，必须在案例教学的过程中做好拓展延伸工作，让学生将有关案例中学到的知识、分析方法应用到自己的生活和学习实践中去。

仍以上一个案例为例，教师可以引导学生这样思考：体育课上发生一些肢体接触和碰撞是很正常的事情，每一个学生在体育课上都会遇到这种情况，现在设想事情就发生在你们身上，我们需要怎样的措施来应对？在我们身边也发生过类似的事情，他们是怎样处理的？如果你在旁边，你会是怎样的方式来帮助他解决这样的问题？这样能够很好地把学生所学的有关知识进行拓展和延伸，从而把知识、技能与社会生活实践相结合，不断提高学生分析问题和解决问题的能力。

5.明确教法实施原则，凸显教法教育作用

（1）保护个人隐私。案例教学法的实施要遵循一定的原则，首先要保护好当事人的个人隐私。运用案例法开展心理健康教育，选择的很多案例就发生在学生身边，当事人甚至就是课堂内的学生，很多都会涉及学生的个人隐私。因此，一定要保护好当事人的个人隐私，必要时还要争取当事人的理解和支持。

（2）设计情理相融。心理健康教育是一门专业学科，需要理性引导，同时又蕴含着情感因素，要想更好地得到学生的认可，在设计相关教学案例时要考虑情感因素，给学生带来良好的情感体验。

（3）选择兼顾正反面。很多教师都是针对学生心理上存在的不良问题选择案例，反面案例居多，希望借此引导学生结合具体问题进行分析。事

实上，适当穿插一些正面案例更有启发作用，为此，一定要结合学生的实际问题，案例选择要兼顾正反两面。

在教学过程中，教师要认真研究学生的心理特点，针对每一个学生的心理特点和行为表现采取有针对性的教学方式，切实丰富学生的心理健康教育知识，提高学生对心理健康问题的认识能力，增强他们的自我调适能力，以促进学生形成良好的心理品质，帮助他们塑造健全的人格。

第五节　希望感：大学生心理健康教育的前瞻性思考

近些年来，积极心理学的研究取得了新进展。对希望感的研究属于积极心理学研究的一项重要内容，其对大学生的心理健康和学业成绩等都产生着积极、正向的影响。同时，希望感的相关研究也为我国大学生的心理健康教育拓展了新的研究领域。本节先分析希望感的内涵及其对大学生心理健康的意义，然后阐释基于希望感的大学生心理健康教育的具体路径。

对处于心理发展关键期的大学生来说，希望感与大学生个体的学业、积极的情感和身体健康等都存在着密切的关系。对希望感的相关内容进行学习和研究不仅有利于提升大学生的心理健康水平，而且还能丰富相关理论知识。

一、希望感的内涵及其对大学生心理健康的意义

1.希望感的内涵

希望属于情感的表现形式，我们可以对希望进行如下界定，即在达成某一强烈愿望的过程中的一种具有持续性特点的信念，允许个体保持并践行着朝向目标的行为。希望感属于人类的一种积极力量，是积极心理学的重要构成和研究对象。

2.希望感对大学生心理健康的意义

作为一种积极、正向的力量，希望感能对个体的心理健康起到很好的保护作用，同时还能帮助个体应对各种焦虑、压力等消极情绪。大学生在生活和学业上难免会遇到一些不顺心的事情，有时甚至会陷入情绪的低谷。对大学生而言，适当的希望感通常能帮助个体以更好的心态进行心理调节。这不仅能够提升其应对挫折的能力，而且还能让大学生在遭遇挫折后依然能够认可自己，不丧失对未来的信心。同时，希望感还能适当地提升大学生的自我认可水平和自尊水平。由此可见，基于希望感的研究不仅有利于帮助大学生更好地应对消极情绪和各种压力，还对提升大学生的心理健康水平大有帮助。

二、基于希望感指导下的大学生心理健康教育的具体路径

大学生个体心理品质的塑造通常与家庭教育存在着密切的关系，作为家长，应重视对大学生品质的培养，发挥好言传身教的作用。同时，家长还应关注大学生的情绪变化，例如，应关注大学生中频频出现的焦虑和抑

郁情绪。也就是说，不能单纯地从衣、食、住、行等物质层面给予其关注，更应关注大学生情绪方面的问题，绝对不能持听之任之、顺其自然的态度。作为教育工作者，也不能只关注大学生的学习成绩，还应注重对大学生优秀心理品质的培养，绝对不能在大学生出现心理问题之后才加以干预。

建立大学生个人的心理成长档案，加强正能量教育。根据希望理论观点，个体的动力思维和路径思维在其童年时期就已经基本形成，又会在后期受到一些突发事件、情感等因素的影响。那么，要想更好地对大学生进行心理健康教育，首先就要对其心理健康的状况有充分、深入地了解和认识。只有这样，才能使所开展的行动更具效果。建立大学生个人的心理成长档案就是对大学生个体的心理健康状况进行系统把握的一种有效途径。每个个体都有积极的心理潜能，相应地，加强对大学生积极心理品质和积极心态调整能力的培养，对开发大学生的积极心理潜能有着极为关键的作用。虽然进行积极心理研究的必要性已经得到了广泛的认可，但目前基于积极品质内容的个人心理档案的研究并没有受到充分的重视。尽管一些学者极力倡导采用建立个人心理档案这一策略来促进大学生心理健康教育，但关于个人心理档案的研究大多是将心理问题作为记录的重点，而忽略了对积极心理的记录。教师在建立心理成长档案时，应以培养大学生希望品质为导向，在进行操作的过程中，可采取对每个大学生个体初期固有心理特质进行记录的方式，有选择性地记录一些积极的心理案例和产生希望信念之类的事件，并在大学生的各个年级段，由不同教师对希望心理档案进行及时补充。在此过程中，还应结合档案信息，有效引导并激发大学生的积极心理品质，使其能在一种积极向上的健康环境下快乐地成长。

基于希望感的大学生心理健康教育研究是一种具有前瞻性的心理健康教育理论，其对大学生的成长教育有着重要意义。但就目前的情况来看，有关希望感的研究有待于进一步深入，并需要探索灵活多样的教育策略，以切实提升大学生的希望感水平。

第四章　大学生积极心理学教育

第一节　积极心理学视角下的大学生
心理健康教育探索

积极心理学这一概念最早出现在 20 世纪末的西方心理学界，从 20 世纪 80 年代开始，我国高校就开始运用这种教学方法进行心理健康教育。积极心理学注重人的人格培养和情感体验，因而将积极心理学引入大学生的心理学教育中十分必要。

积极心理学兴起于 20 世纪 80 年代的美国。当时，美国兴起了以研究人的品质为目的的一系列运动，一些美国心理学家将积极的心理因素如快乐、幸福、乐观等作为研究的切入点，将人的良好品格和积极态度作为心理学的研究重点，这就是积极心理学兴起的背景。积极心理学的创始人是美国当代著名的心理学家马丁·塞里格曼（Martin E.P.Seligman）、谢尔顿（Kennon M.Sheldon）和劳拉·金（Laura King）。他们的定义道出了积极心理学的本质特点："积极心理学是致力于研究普通人的活力与美德的科学。积极心理学主张研究人类积极的品质，充分挖掘人固有的、潜在的、具有建设性的力量，促进个人和社会的发展，使人类走向幸福。"从某种程度上来讲，对人们行为有创造性的、积极的、满足的因素进行的研究就是积极心理学研究。

积极心理学并不是消极心理学的对立面，而是对消极心理学研究的一种补充。心理学本身的研究范畴就是一种偏中性的态度，与快乐与悲伤没有关系，但在传统的心理学研究领域，对消极的心理现象研究较多。在现代社会中，人们的生活节奏越来越快，物质生活不断丰富，但精神世界却逐渐空虚，心理问题不断涌现，人们更注重追求精神上的幸福感以提高生活质量，所以，在这种形式下，积极心理学的研究就显得尤为重要。从目前研究的范围来看，积极心理学的研究领域一般有三个方面，第一是从个人的主观感受出发，研究他们主观意识中的幸福感、满足感；第二是研究个人能力，一般是个人的工作和学习能力，看待问题、分析问题的能力，爱的能力及对未来的洞察力等；第三是从社会层面进行分析研究，积极的家庭、学校和社会环境有助于人的健康发展。

一、积极心理学的特点

积极心理学主要是提倡人们要有积极的生活态度和心理状态，它关注人优秀的品质、健康的心态，从客观的角度研究人的优点，并能用客观的心态去看待遇到的问题，不断激发人们潜在的积极特质，以赋予其不断前进的动力，最终让人感到幸福。在关注人类优秀品质的同时，人的价值和生存发展方向是关注的重点，它将心理学传统的关注重点转向积极的一面，体现出更多的人文色彩，不断提升人自身的价值。

二、积极心理学的作用

传统观点认为，心理学是针对心理有问题的人进行的研究，现在看来这是十分片面的看法，普通人的心理也需要被关注，他们也需要有更好的心理状态。积极心理学具有积极的增进功能，能让人不断被积极快乐的东西所吸引，从而不断培养幸福感和满足感，让人们生活得更加幸福和快乐。心理疾病的早期预防是心理学研究的重点，积极心理学对心理疾病具有积极的预防作用，如果人们能够了解积极心理学的内容，在遇到问题时就会想积极的一面，能够及时客观地解决问题，而不是一味消沉和抱怨，进而可以有效预防心理疾病的产生。在出现心理疾病之后，积极心理学还有积极的治疗作用，它能够帮助病人树立乐观的生活态度，乐观地看待问题并冷静地进行处理，不抱怨过去，努力改变现状，积极地面对未来。在心理疾病诊疗的过程中，很多患者都是根据积极心理学的方法痊愈的，而且一般都没有后遗症出现。

三、我国大学生心理健康教育中的积极心理学研究现状

我国高校心理学专业对积极心理学的研究至今已有二三十年的时间，尤其是最近几年，随着高校对心理学的重视，积极心理学的研究也取得了很大进步，在解决大学生心理问题上作出了突出贡献。但是，在大学校园中仍然存在很多问题，这给积极心理学教育带来了考验。

1.大学生心理健康教育的目标不一致

从认知的角度来看，心理学的研究范畴分为积极心理学和消极心理学，消极心理学是在有了心理疾病之后对其进行治疗和干预，而积极心理学主

要起到一个防范和引导的作用，帮助人们使其心理呈现最佳状态，让人们的潜力不断得以开发，使人们的生活更加幸福。如今的高校心理学教育更加偏向于消极心理学的教育，目的是治疗已经有心理问题的大学生，这种心理学的教育方法直接忽视了学生的心理发展过程，对学生的心理需求不重视，缺乏积极的引导。

2.大学生心理健康教育偏重医学研究

我国高校自开设心理学课程以来，在解决大学生心理问题方面取得了不小的成就，对提高大学生的心理健康水平起到了一定的积极作用，但是因为传统心理学教学目标的问题，消极心理学成了心理学教育的重点，所以，高校教育者普遍将教学的重点偏向于问题心理的研究，比如焦虑、忧郁、自卑等情况，教育的对象也仅仅限于有心理问题的大学生，并且只对他们出现的问题进行研究分析，而不去关注他们心理的发展过程和未来的发展情况。在课程设置上，大部分高校对心理健康教育这一学科采取选修课的形式或者以简单的讲座形式，讲座内容多是针对消极心理问题展开的，在讲授的过程中会渲染消极心理的危害性。心理学的教学体系也不够完善，没有完整科学的知识体系，进而会导致教师和学生更多地关注消极的心理或者不健康的心理状态。消极心理学的教学模式直接否定了心理学的中性特质，忽视了人更需要的积极心理因素的引导，过多地注重医学层面上的"治疗"，而不注重对心理问题的预防和积极引导，这不利于学生心理的积极发展。

3.大学生心理健康教育对象有限

目前，高校的心理健康教育关注点在消极心理学方面，研究的理论基础也是消极的心理学，人们通常认为只需要消除心理疾病就是健康的象征，但是从心理学的角度来看，没有心理疾病并不代表就是健康的心理状态。在具体的操作中，高校的心理健康教育在很多情况下处于被动的状态，不会主动去引导学生，而是消极等待有问题的学生寻求帮助，再对其进行有针对性的诊疗，这种单一性的救助方式并不能让学生具有主动解决心理问题的能力。

4.大学生心理健康教育学师资队伍良莠不齐

目前，高校中心理健康教育学师资队伍良莠不齐，一个重要的原因是教师数量不足。普通高校心理学教师的数量较少，专业的心理学教师就更少，尤其是在一些工科院校更是如此，很多学校让学生辅导员承担心理学的教学责任。在入职筛选中，他们会尽量选取有心理学和教育学背景的应聘者担任辅导员，但是这些教师在成为辅导员之后，由于工作大都比较繁重，所以很少有人会关注每个学生的心理状况。另一个原因是部分高校的心理健康教育学科处于一种孤立无援的境地，只有极少数教师重视学生的心理问题，其他教师常常会漠视学生的心理问题，通常情况下他们根本发现不了学生心理存在的问题。所以，高校应尽快建立完整的心理健康教育体系，让每个人都关注心理问题，而不是把责任推给仅有的几个心理学教师。

四、对大学生心理健康教育中积极心理学进行探索的策略

1.建立清晰的教学目标

高校应该转变心理健康教育的教学目标，要逐渐培养学生乐观积极的心理状态，培养他们的幸福感。高校不仅要关注个别人的心理问题，还要将视野放在所有学生或者人类本身，帮助学生通过校园生活树立积极、乐观的生活态度及正确的人生观。只有这样，在未来社会中，他们才会保持这种健康的心理状态，并不断激发他们自身的潜能，使自己的生活更加幸福。

2.建立完善的教学体系

对大学生积极心理学教育体系的构建，首先要培养他们树立正确的自我认知观念。不管是积极的心理状态还是消极的心理状态，都是由他们的自我认知观念引起的，它有设定生活目标的功能，积极健康的自我认知观念可以让人们拥有乐观的心理状态。在大学生心理健康教育的过程中，教师要积极地引导学生对自己的心理状态有一个全面的了解，通过课堂所学内容和社会实践，逐步建立起自己的心理认知观念，懂得自我肯定和自我批评，能够客观地看待生活或学习中出现的问题，了解心理现象出现的合理性。从积极心理学的角度来看，在人际交往的过程中，要善于接受自己和他人的优点，协调好理想与现实中的差距，不断地树立正确的自我认知观念。

3.构建积极的校园支持平台

人是社会性的，大学生的主要生活环境是校园，所以，要想建立积极心理学的教育体系就需要有积极的校园支持平台。积极校园平台的建立，需要从学校的规章制度、管理体系、教学体系等出发进行综合分析研究。完整的心理学教学体系对大学生健康心理的形成至关重要。该体系的建立首先要有明确的规章制度和法律规范来制约，并通过教学氛围得以优化，大学生在学习中可以找到自己的人生价值、认同感与归属感。积极的教学理念是校园平台建设的关键，只有以积极的观念来引导，传统的心理健康教育学才能进行重新定位，才能不断地更新和完善管理体系，让学生积极快乐地参与到学习和生活中，最终拥有积极健康的心理，拥有幸福的生活体验。

我国高校承担着为社会主义现代化建设培养人才的重任，在社会快速的发展过程中，人们的心理健康直接影响着其工作的效率。从目前的心理健康教育学现状来看，虽然取得了一定的教学成果，但是由于受到传统消极心理学的影响，在教育过程中学校过多地关注了少部分心理有问题的学生，忽视了大多数学生的心理状态，所以高校要调整教育理念，注重培养学生的幸福感，让他们的生活更加幸福。

第二节　积极心理学与大学生心理健康教育

积极心理学是心理学领域发展的重要突破，它强调了人类积极性格的塑造和作用，主张普通人应建立积极的心态，以促进个人的进步和发展，为社会和谐发展做出贡献。积极心理学从研究原则上重视人的积极品质，避免了心理研究总是趋于负面问题讨论的传统思路，使心理研究能够为普通人的积极健康和生活服务。因此在大学心理健康教育中，积极心理学显示出其独特的优势和特点。

一、积极心理学在大学生心健康教育中推广的意义

当前的大学心理健康教育仍然以传统的心理疾病预防和矫正为主要的教学目的。这一方面造成学生对心理健康教育产生抵触心理，另一方面也不利于心理健康教育的广泛开展。积极心理学对于普通学生有着一定的教育和宣传价值，对于促进全体学生积极健康心理的培养具有重要意义。

1.积极心理学为大学心理健康教育重新设定了目标

普通个体在学习和生活中，即使心理健康上没有出现明显的问题，但是其他方面的原因也可能会导致学生的意志和心理长期消沉，将对其学习和未来发展造成不利的影响。而传统的心理教育没有对相关的问题进行充

分的重视和研究。对此，积极心理学主张应建立积极预防的心理健康教育体系，促使学生能够在生活中感受到自身的价值，培养学生的积极心理，使学生能够主动挖掘自身的闪光点和潜力，以促进学生综合素质的提高和发展。

2.积极心理学充实了高校心理教育的内容

在传统的大学心理健康教育中，学校和教师关注的重点都是心理可能存在异常的学生，这导致高校心理健康教育无法对大多数学生形成约束和影响。积极心理学增加了心理健康教育的目标和途径，促使高校心理健康教育工作者关注的学生群体更加多样化和全面化。积极心理学注重所有学生积极心理和健康生活方式的养成，为高校的心理健康教育拓展了教学目标和教学内容，使高校的心理健康教育能够有效地施行。

3.积极心理学是大学心理健康教育的创新

在传统的心理健康评价体系中，往往只注重学生的负面情绪和心理疾病，这会导致学生可能受到教学内容的暗示和影响，在心理上出现波动和变化。积极心理学创新性地提出为全体学生进行积极的心理辅导，促使学生接触到的心理教育内容更加多元化，能有效克服负面情绪，使他们的心理健康水平得到提升。

二、积极心理学在大学心理健康教育中的应用策略

1.增强学生在积极心理上的体验

人的心理容易受到周围环境和其他人的影响，进而产生微妙的变化。对此，在大学心理健康教育中，教师应充分运用心理暗示，增加学生的积极心理体验，促使学生在心理上保持积极主动。例如，在课堂教学中，教

师要多举一些积极的生活实例，保持课堂氛围的轻松愉快，促进师生之间的平等和尊重等，使学生能够获得轻松愉快的学习体验，并为学生的积极学习和生活提供动力和帮助。除了心理和行为上的暗示，教师还应该教会学生有效解决心理问题的方法，消除学生内心的焦虑，减轻学生的心理压力，促使学生以积极的态度面对自身的负面情绪。

2.通过高校环境对学生的心理状态进行调节和暗示

学生的心理状态与生活的环境有密切的联系，因此，高校和教师应注意对教学环境的构建，促使学生在大环境中保持积极进取的态度。此外，学生较高的环境适应性也是其心理调节能力的重要体现，对此，高校要对刚入校的学生给予特别的关注和引导，以帮助新生养成积极的学习和生活态度，为学生的长期发展奠定基础。在大学生活中，一些学生乐于在集体活动中找准自身的定位，从而保持积极的心理状态，另外一些学生则可能对集体活动抱有抵触情绪，会在活动中感到不自然。对此，高校和教师应该谨慎制订集体活动计划，使不同类型的学生能够在活动中找准自身的定位，保持积极的心态。

综上所述，积极心理学对大学生心理健康教育有着重要的影响，一方面其改变了传统的教学思路，另一方面也改变了教学的具体内容和目的。对此高校和教师应该对大学心理健康教育进行更详细的研究，促进相关教学质量和效率的提升，促进大学生心理健康发展。

第三节　浅谈积极心理学视野下的大学生心理健康教育

目前，大多数教师在开展大学生心理健康教育活动时通常采用这样的模式：介绍某一种心理问题，分析该问题的定义与危害，总结克服该问题的方法，这明显偏离了培养学生积极心理的目标。

一、积极心理学视野下的大学生心理健康教育优势

1.拓展大学生心理健康教育的知识视野

开展积极心理学视野下的大学生心理健康教育活动，从正向角度激发学生的积极心理因素，有助于引导大学生培养阳光心态和积极情绪，如乐观、自信、自律、内省、谦虚等，从而有效拓展大学生的心理健康教育知识视野。大学生在学习积极心理因素的同时会逐步消除自身与心理健康教育课程的隔阂，将关注负面心理因素的倾向转移到激发个人潜能与培养健康积极的心态的领域。

2.创新大学生心理健康教育的教学方法

开展积极心理学视野下的大学生心理健康教育，将有助于弥补传统教育模式的缺陷，创新大学生心理健康教育方法。目前，很多教师在开展积极心理学视野下的大学生心理健康教育的过程中，组织学生开展各种有趣的体验活动，如"信任背摔""安全防卫"等游戏，从而有效培养学生之间的信任感，提高学生的安全意识，加强学生的责任感。

3.关注大学生的积极心理因素

从发展的角度来看，大学生心理健康教育属于一种长远性教育活动，塑造大学生积极健康的心理素质有助于帮助大学生实现个人价值，从而为社会培养出发展所需要的人才。而且，积极心理学主张以人为本，强调关注人的积极心理因素，发展人的潜能。经过教师的指导，学生很容易形成积极健康的心态，在步入就业岗位之后，他们也能够积极应对各种压力与问题。

二、积极心理学视野下的大学生心理健康教育方案

1.发挥积极心理因素，增强学生的自控能力

所谓的"自控能力"特指一个人善于自我支配和自我调节的能力，它是个人对自身的心理和行为的主动掌握，是个体自觉地选择目标，在外界没有监督的情况下控制自己的行为，抑制冲动，抵制诱惑。基于积极心理学视野，顺利开展大学生心理健康教育活动，教师应充分挖掘学生的积极心理因素，不断增强学生的自控能力。在教育过程中，教师应尊重学生的情趣爱好与个性天赋，引导学生在发挥个人优势的同时增强其自身的自控能力与自律意识，学会自省。此外，教师应注意进行必要的引导，这样有助于培养学生的自控能力，以教导学生恪守规则与道德。

2.引入故事，提升课堂活力

提升大学生心理健康教育乐趣，培养学生对该课程的学习兴趣，教师应注意创新教学方法，适当引入经典故事，以此提升课堂活力，让学生在快乐学习中形成良好的心态。例如，在解析"谦虚"这一美德的同时引入科学家爱因斯坦的故事。爱因斯坦曾经为一个夸奖他学识渊博的人画了一个小圆和一个大圆，接着说："在物理学这个领域里可能我比你懂得知识略

多一点，正如大圆之于小圆而言。然而，物理知识是无边无际的，大圆与外界接触的周长越大，就越会感到更多自己未知的东西，就会更加努力地去探索。"这个故事说明谦虚好学、虚怀若谷才是探索真理的正确态度。教师可以此为契机，引导学生不断完善自我、走向成功。

3.做好正面引导教育工作，完善心理健康教育评估体系

全面提升积极心理学视野下的大学生心理健康教育效果，教师应做好正面引导教育工作，引导大学生树立自信心，逐步形成乐观、健康的心态。与此同时，教师应注意完善教学模式，努力实现心理健康教育多元化，促进该学科与其他学科的有机结合，从而有效提高教育效果。例如，促进心理辅导、文化教育工作及德育工作的有机结合，以此培养大学生健康的心理，提高大学生的文化素养和品德修养，引导大学生逐步形成正确的价值取向，将大学生培养成有文化、有道德、有理想、有纪律的"四有公民"。此外，教师应重视完善心理健康教育评估体系，从微观角度来分析，大学生心理健康教育评估主要包括心理辅导教育、心理活动体验教育和心理辅导组织管理的综合评估。在评估过程中，教师应全面了解学生的具体问题与兴趣爱好，针对具体问题予以疏导，同时应根据学生的兴趣爱好进行正确的引导，以发扬学生的长处与天赋。之后，教师可以对学生再次进行心理测试，并根据测试结果进一步完善大学生心理健康教育评估体系，以此提高大学生的心理健康素质。同时，教师可以定期开展体验式心理活动，如"阳光心理活动""心理信箱""校园心语"等，引导大学生自行创办关于心理健康教育的墙报、画廊、手册与板报等，使大学生在参与心理健康教育活动的同时逐步形成积极、乐观的心态，并针对体验式活动效果做好评估工作。

综上所述，做好积极心理学视野下的大学生心理健康教育工作，塑造学生积极、健康、乐观的心理品质，教师应充分发挥积极心理因素，增强大学生的自控能力；适当引入有教育意义的故事，以此提升课堂活力；全面做好正面引导教育工作，不断完善心理健康教育评估体系。

第四节 基于积极心理学的大学生心理品质培养体系的构建

　　积极心理学作为心理学科中的分支,主要从积极的角度来深入探究人们的心理健康情况。从积极心理学的角度出发,将传统模式中针对大学生心理问题实施的主动干预模式逐步调整为通过积极心理疏导的模式。本节就基于当前积极心理学的发展情况,深入探究大学生群体的心理健康情况,提出构建大学生积极心理的培养方案。

　　如何有效地引导大学生构建积极的心理体系,不管是对高校培育高素质人才,还是对学生自身的心理发展,甚至是社会的进步都具有实际意义。积极的心理素质能够后天培养,经过不断的训练可以让大学生逐步构建起积极的情绪管理体系、认知评定体系及积极的行为管控体系。将积极心理学有关的理论知识融入高校大学生心理健康教育之中,既能突破原有的心理健康教育模式,解决消极干预的问题,又能确保大学生具有优秀的心理素质,真正实现大学生心理健康教育的目标。

一、积极心理学的基本内容

1.研究积极情绪

　　积极心理学主要研究积极的心理情绪在人们日常生活中发挥的效用。从积极心理学角度来说,消极的心理可以看作是人们面对外界危险构建起的第一道警戒线,会将人们带入到战斗状态,由此来战胜或远离危机。而积极的心理态度,则会拓展人们的眼界,提高自身对外界的包容程度及自身的创造水平,能够让人们拥有更加健康的体魄,并获取更加优质的人际交流体验。例如，兴趣的产生会引发个体探索信息的动力，同时也会让人产生向前发展的期望；满意的产生会让人认可当前的生活环境，同时还会将此环境同社会的大环境进行有机融合；自豪的产生会让人们渴望将这种情绪同他人分享并期望在未来谋求更大的成功；爱的产生会让人们出现同爱的对象一起生活的想法。

2.研究积极人格特质

积极的人格特质是积极心理学中最为基础的部分。在积极心理学之中，主要探究了多达 24 种积极的人格特质，如乐观、自信等。而最为核心的特质有勇敢、仁爱、智慧、正义、节制等。积极心理学将幸福的产生归结为人们可以找到自身的优点和积极的人格特质，并可以将其在日常生活中展现出来。

3.研究积极组织系统

积极心理学将主要的研究方向集中在社会文化背景方面，认为社会文化背景同心理素质、人格特质、创造水平、情感态度及心理治疗有着密切关系。一个积极的组织体系包含积极的子系统，子系统又由积极的小系统与积极的大系统构成，积极的小系统涵盖稳定的社区关系、高度负责的社交媒体、良好的家庭环境及教育水平较高的学校；而积极的大系统则包含责任意识、道德水平等。积极心理学还探究了产生天才的外部条件，以及创造水平发展同人们幸福生活指数的关系。

二、构建大学生积极心理品质培养体系

1.培养学生积极的情绪体验

积极的情绪体验是积极心理学中一个主要的研究方向，能够引发个体

出现接近性行为或者行为趋势的情绪都可以归入积极情绪，表现为个体对过去回忆的满足并幸福地享受现在，同时对未来具有乐观期望的心理状态。大学生可以通过以下几种方式培养积极情绪。

（1）培养大学生群体的主观幸福感。幸福的产生应当是快乐与意义的深度融合，大学生可以在日常活动中找寻幸福、享受幸福、分享幸福，最为核心的便是在日常生活中挖掘生活的意义。

（2）强化大学生对于自身情感态度的调节水平。情绪调节理论中着重强调了外部环境对个体心理产生的影响，同时也对环境选择、情境调整给出指导方案。因此大学生应当主动地去搭建起能够引起积极情绪的外部环境。

（3）正视大学生的个体差别。认知作为个体情绪体验中的关键要素，不同个体在应对相同的环境刺激时，即使认知能力相同也会出现不一样的情绪体验。

2.培养学生积极的人格特质

积极心理学的目标主要是探究并培养个体的人格特质和积极的心理素质。教师可以通过以下几种方式培养大学生积极的人格特质。

（1）指导大学生构建起积极的思维方式，塑造积极的心理品质。将积极心理特质的养成提高到更加重要的位置，在相互的交流讨论中培养积极向上的思维模式，潜移默化地让学生将优秀的人格特质划入到自身的心理体系之中。

（2）从三观等方面专门培养大学生积极的心理特质。例如，在培养积极的价值观时，学校可以组织相关的性格活动，清晰地将性格特质进行分类并确定相应的性格词语，将其制成海报张贴在校园中。此外，还应当在课堂中讲解性格词语和对应的意义，教师和学生应针对这些性格特质和实际应用进行探讨。

（3）将"爱"作为起始点。培养并提升大学生积极的心理素质，强化实践能力，也可以利用感谢信或者爱心救援等活动来让大学生树立积极的心理特质。

3.构建大学生积极的心理健康组织系统

积极的社会组织也是积极心理学中较为重要的一环,它不单单是培养大学生人格特质的基础,还是个体产生积极体验的源泉。积极的社会组织涵盖国家、企业、家庭及学校等诸多方面。相关研究显示,大学生获取认可和支持最多的渠道是家人和朋友,而教师的认可普遍较少。积极心理学主要提出搭建积极的外部环境及积极的组织体系,不仅包含积极的个人环境,还有积极的组织体系等。一个稳定的组织系统也是大学生心理能否健康发展的关键因素,高校可通过以下几种方式构建大学生积极的心理健康组织系统。

(1)将个体、家庭、校园及社会有效结合起来,构成多维的互动模式。

(2)制定从家庭到校园再到社会组织的学生培养方案,主要包括个体情感、内心独白、爱心互助及成果分享等,并让学生同家人和教师进行良好沟通。

(3)真正将学生互助组织的效用发挥出来,架构出合理的学生关系结构。

(4)对于支持体系来说,最为核心的是校园心理咨询组织,其应当有效完成对学生的心理引导工作并为其提供相应的咨询服务,以确保学生可以获得高质量的心理辅导。

4.积极的心理干预策略

积极心理学还主张将积极心理学的核心理论作为基础,针对心理问题提出具体的心理治疗方案,强调心理治疗过程中个体应当将注意力投入到养成积极心理特质方面,主要是让患者通过强化自身的积极心理素质来突破心理疾病的束缚,或者防止心理问题的发生。教师可通过以下几种方式对学生进行积极的心理干预。

(1)在校园中建立危险防范体制,将班级中班委、舍长及党员群体作为核心,构建起心理危机的报警体系,利用积极心理学中的基本理论,将学生朋友的作用发挥出来，尤其是在心理危机警示方面发挥应有效果，主动关注个体的心理情况。

（2）通过积极心理治疗的方案来完成心理咨询，比如说让个体尽可能享受美好的一天、完成祝福训练及完成做好事等活动。上述练习均需要个体深入思考并分析自身出现幸福情绪的事项，提升个体面对积极事情的认知水平。

（3）完成心理弹性的干预方案，强化学生的心理弹性。其主要是建立在积极心理学之上，可以有效调整学生的认知思维，并降低个体出现心理问题的概率。

综上所述，积极心理学作为心理学研究的新方向，其工作目标体现了社会意义上的博爱和人性，是与人类发展的目标相一致的。教师可通过对大学生进行积极心理学的指导，提高大学生的心理健康水平，使他们的生活更丰富、更有意义。

第五节　基于积极心理学的大学生心理危机
干预策略的探究

随着社会的快速发展，各高校纷纷根据具体情况开展大学生心理危机干预的相应工作，并建立多级防御机制，但实际效果并不理想。基于积极心理学的视角，构建以培养积极心理品质为核心的心理危机防御机制，能够有效推动培养大学生健康人格特质的教育进程，切实提高大学生应对心理危机的能力，有效防止大学生极端心理危机事件的发生。

一、心理危机干预中存在的问题

心理危机是指个体在遇到突发事件或面临重大挫折和困难，当事人自己既不能回避又无法用自己的资源和应激方式来解决时所出现的心理反应。针对个体在面对危机时出现的一系列负面情绪和生理反应，目前各高校根据教育部要求成立专门的心理健康教育机构，配备专（兼）职心理健康教师，对心理危机对象力图早发现、早干预，但在实际操作过程中依然面临诸多困难和挑战。

1.大学生心理危机现状调查情况

笔者使用 SCL-90 自评量表对某高校 5061 名大学生进行调查发现，一年级学生 1585 人中心理异常人数为 275 人，占测试总人数的 17.35%；二年级学生 1389 人中心理异常人数为 265 人，占测试总人数的 19.08%；三年级学生 2087 人中心理异常人数为 454 人，占测试总人数的 21.75%。存在心理问题的学生中，一年级学生最突出的症状依次为强迫症状（40.50%）、人际关系敏感（36.50%）、焦虑（18.86%）、恐惧（16.59%）、其他（16.47%）；二年级学生最突出的症状依次为强迫症状（39.96%）、人际关系敏感（28.37%）、其他（21.31%）、焦虑（20.81%）、抑郁（19.01%）；三年级学生最突出的症状依次为强迫症状（43.65%）、人际关系敏感（31.34%）、其他（25.26%）、焦虑（24.77%）、抑郁（22.28%）。通过对以上数据进行分析可以发现，大学生普遍存在心理危机问题，三个年级的症状主要集中在强迫症状、人际关系敏感、焦虑、抑郁和其他等，且从低年级向高年级学生人数比例呈增长态势。

2.大学生心理危机干预中存在的问题

（1）心理危机人数呈不减反增态势
从某高校心理测试结果中可以看出，心理危机人数和症状从低年级到高年级呈增长态势。现在各高校都非常重视对大学生心理危机的干预，在新生进校时就开展心理健康普查筛选工作，对心理异常学生建立心理档案并持续跟进，然而，大学生的整体心理健康水平并未得到显著提升，反而出现了心理危机人数增长的态势。

（2）过分关注个别学生及其消极特质

以往大学生心理危机干预重点关注少数个别学生，主要服务对象为有情绪问题、行为失常、适应困难及有自杀倾向的个体。为防止这类学生引发极端事件，教师往往把工作重心放在所谓的问题学生身上，而忽视了对其他学生的关注与支持，心理危机干预并没有抑制心理问题的滋长。

（3）心理危机干预机制流于形式

大部分高校对大学生心理危机的干预机制和预防措施处于消极被动、疲于应付的状态，但很多后期跟踪流于形式，没有对有心理问题的学生给予有力的支持或援助。

（4）社会支持系统参与度较低

个体依靠自身力量无法成功应对心理危机时，社会支持系统能够有效化解心理压力。大多数大学生不善于主动寻求帮助，在缺乏必要的社会支持，得不到应有的帮助、关心和肯定时，在没有能力应对问题时就会产生更强烈的挫败感，从而引发更严重的心理危机。

二、大学生心理危机的成因分析

随着社会转型，人与人之间的竞争愈发激烈，大学生心理危机日益凸显。面对问题和困难，很多大学生采取逃避的方式，上课玩手机、刷微信，课后沉迷于网络游戏，甚至逃学、旷课。要实现对危机对象的早发现、早干预，必须深入研究大学生心理危机产生的原因，探索大学生心理危机干预的创新机制，使大学生在成长的路上健康发展。

1.自身原因

由某高校心理测试数据可知,大学生心理危机症状主要集中在强迫症状、人际关系敏感、焦虑、抑郁和其他等问题,调查反映出相当一部分学生出现网络成瘾、自控能力差、人际关系紧张、不懂换位思考等问题,遇到问题缺乏求助意识,又不愿经历改变的阵痛,极易产生心理危机。

2.家庭原因

任何一场危机事件背后均隐藏着心理危机,失败的家庭教育让孩子错失树立规则意识与自律意识的最佳时机,父母感情不和、父母离异、单亲家庭的孩子及留守儿童更容易产生冷漠、焦虑、抑郁、畏惧等消极情绪,缺乏安全感,进而容易陷入严重失衡的心理危机状态中。

3.学校原因

目前,大部分高校的心理危机干预体系重点关注具有强迫症状、人际关系敏感、抑郁、焦虑等症状的个别群体,而且在实际操作中也很难对其通过一两次心理辅导就达到促进人格塑造和心理潜能开发的咨询效果。由于大学生心理健康状态是个动态变化的过程,因此心理危机常常会变成心理障碍。

4.社会原因

很多大学生心理问题的产生与价值观缺失、竞争压力过大、对未来考虑过多有直接关系。一旦情感和需求得不到满足,容易出现更严重的心理危机,甚至出现自残、自杀或伤害别人的行为,成为社会的不稳定因素。

三、大学生心理危机干预的策略

从积极心理学的理论角度,把大学生心理健康教育课程与其他具有培育积极心理品质的课程整合到人才培养方案中，充分利用家校合作的社会支持系统和大数据网络动态预警，构建多级预警防御机制，将关注重心更多倾向于培养积极乐观心理，从而增强大学生心理危机的防御能力，努力寻求减少大学生心理危机的策略，从而有效提升大学生心理危机干预的主动性和实效性。

1.目标与定位

将心理危机干预重点放在心理健康群体和心理危机个体良好的心理状态方面，用积极的心态解读心理现象，激发其内在的积极力量和优秀品质，加强对学生具有生命意义的教育与引导，对学生进行健康人格特质的培养，从某种程度上增强学生的自信心、主观幸福感，帮助个体成长和自我实现，构建积极向上的育人环境，这也是心理危机干预的有效途径。

2.内容与要求

把培养个体积极乐观的态度，塑造健康人格的内容体现在人才培养方案的课程体系和心理辅导中，激励人本身的积极因素，通过开发人的潜能，激发人积极的心理力量，使其学习方式、生活方式和思维方式发生一定变化，让个体拥有健康平和的心理状态和合理的思维模式，以培育出个体积极的心理品质，从而促进大学生群体的身心愉悦和健康成长。

3.方法与途径

（1）构建心理危机"四级"预警防御体系

为了能够及早预防，及时、有效地干预并快速控制心理危机突发事件，要建立健全高校心理中心、院系心理辅导站、班级心理委员、宿舍联络员四级预警防御体制。实施异常情况逐级汇报制度，完善应急处理预案，建立应急处理快速通道，形成信息搜集、评估、反馈、防治的心理危机干预机制，降低、减轻或消除可能出现的对他人和社会的危害。

（2）思想政治与心理危机干预联动的"三观"正向引导

世界观、人生观和价值观统称为"三观"。大学生处于塑造"三观"的关键时期，学校应充分利用思政课程贯穿所有学期的契机，加强对大学生的"三观"教育，培养大学生平和的心态、乐观的性格、坚毅的意志品质、豁达的人生态度与正确的自我归因，帮助危机中的个体走出困境，提高其心理健康水平，塑造健康人格，为他们的健康成长奠定坚实的思想基础。

（3）人才培养方案与全员育人课程整合的生命教育辅导

在大学生心理健康教育、大学生性与心理健康、大学生职业生源规划、大学生安全教育、大学生思想政治教育等课程中加强对生命意义教育的引导，培养大学生健康的人格。人才培养方案与全员育人导师制实现无间隙的课程整合，培养大学生积极的心理品质、人格特质、情绪体验和生活态度，通过个体自身的积极力量来面对生活中的问题，提升个体心理健康水平。

（4）构建基于社会支持系统的家校共同体

良好的家庭、学校和社会环境能够提供积极的心理氛围，面对突发事件能够有效地引导学生积极乐观地面对挫折，帮助学生解决心理上的困惑和烦恼，从而激发其自身内在的积极力量和优秀品质，进而有效预防心理危机的发生。

（5）捕捉基于大数据的心理危机信息网络动态预警

学生在门禁系统、图书管理系统、食堂用餐管理系统、学生考勤系统、学生学籍管理系统、微信、微博、QQ、网络购物等活动中产生很多反映个性、情绪变化的实时心理资料，这种方式提供了一种网络动态预警机制，为分析学生是否需要进行心理危机干预提供更精确的依据。

总之，在对大学生进行心理危机干预的过程中，通过引入积极心理学，构建培育积极乐观态度和积极心理品质的心理危机干预机制，能够有效防止大学生极端心理危机事件的发生，以构建和谐的校园环境。

第五章 "互联网+"背景下的大学生心理健康教育

第一节 "互联网+"背景下的大学生心理健康教育现状及相关理论

大学生心理健康教育是高校思想政治教育的重要组成部分。随着互联网的高速发展，尤其是新媒体、自媒体的日益普及，大学生的心理健康教育出现多元化发展趋势。本章分析了"互联网+"背景下大学生心理健康教育的发展现状，研究了"互联网+"背景下大学生心理健康教育存在的问题，阐述了在"互联网+"背景下开展大学生心理健康教育的优越性，提出了在"互联网+"背景下加强大学生心理健康教育的主要策略。高等院校要重视大学生的心理建立教育，积极落实立德树人的根本目标，促进大学生健康成长，全面提高高等教育质量。

当前，随着我国改革开放的深入，特别是互联网等新媒体、自媒体的日益普及，大学生的需求趋于多元化，不可避免地会遭遇各种心理问题。同时，由于人才竞争日益激烈，大学生也面临着越来越大的心理压力。高度重视心理健康教育，切实提高大学生心理健康水平，是促进大学生健康成长和全面提高教育质量的关键之一。网络心理健康教育现在已经成了现实心理健康教育的拓展和延伸，互联网的发展也是促进大学生心理健康教育发展的重要途径。

一、"互联网+"背景下大学生心理健康教育的发展现状

随着网络心理科学资源的增加，利用互联网进行心理健康教育也更加方便和权威。

互联网的发展对教育行业产生的变革是革命性的，我国正在努力推进远程教育的发展，为教育的网络化提供了越来越完善的基础设施。对于心理学来说，互联网是需要被研究的对象，也是可以广泛应用的研究工具。心理健康教育在学校的教学计划安排中的地位日益重要，心理健康教育理应在网络化方面得到快速发展，但是根据查阅到的大量数据信息显示：在我国当今的心理健康教育过程中，互联网的应用范围仍旧有限，且发展速度也处于较慢水平。由此可见，网络心理健康教育还有极大的发展空间和更多的发展可能。

二、"互联网+"背景下的大学生心理健康教育存在的问题

目前，各种各样的信息充斥着互联网，这也就造成了互联网的高风险性，对大学生的世界观、人生观和价值观有很大的影响。由于技术发展还不够完善，再加上心理健康教育师资力量不足等客观因素以及一些不可避

免的主观因素，"互联网+"背景下的大学生心理健康教育仍存在着一些问题。

1.大学生心理健康教育手段比较传统落后

传统的大学生心理健康教育手段包括：开设大学生心理健康教育通识课程和讲座，普及心理健康知识，设立校园心理咨询室、定期举行心理辅导活动，组织学生参加社会实践活动、大学生心理健康问卷调查，建立大学生心理健康档案，培养其自我教育能力等。当然，良好的校园氛围和校园网络文化建设也是少不了的。现在效果最明显的就是开设心理健康教育课程并辅以心理咨询。首先，传统的心理健康教育手段的一大局限就是它的信息整合、共享较为不便，而网络化的大学生心理健康教育却能较好地解决这些问题。还有传统方法上的量表和问卷也可能存在适用群体不够广泛的局限性；其次，传统心理健康教育的师资力量也不够强大，地区发展不平衡，基础设施薄弱等，很多大学的心理健康教育课程、心理健康测试、心理健康咨询之间还没有建立可共享的学生心理健康资料信息库，使得学生重复做了大量基础性的测试，这不仅消耗了不必要的人力、物力，还容易使学生产生疲劳效应；最后，传统的心理健康教育方式不能顾及每一个人，这就使得心理健康教育存在不充分性和不平衡性，供不应求。

2.大学生心理健康教育个性化需求具有局限性

大学生心理健康教育最明显的局限性是个性化和效率之间的矛盾。例如：大学生心理健康教育通识课程、心理辅导活动虽然一次性的受众较多，整体效率高，但在个人针对性的心理问题解决和个人的心理健康教育质量方面存在固有的局限性；与之相对的是设立心理咨询室，它虽然在解决个人特定问题上具有优势，但效率低下，耗费大量时间，此外，它是否能发挥作用主要取决大学生的主动性。因为这种方式需要大学生主动预约学校的心理咨询教师，因此无法对那些出于某些原因不能去心理咨询室的学生进行心理健康教育。非面对面的交流使心理咨询教师无法获得更多的来访者信息，可能会使咨询效果降低。而且互联网论坛、讨论组不易管控，加之其具备匿名功能，极有可能会出现大量的无用信息，或出现"乱出主意"的问题。

3.高校网络心理健康教育平台不健全

随着科技的迅速发展，高校网络心理健康教育平台建设中也有很多问题。首先，政府政策在网络心理健康教育方面也没有制定更加具体的方针和政策，监管力度仍需加大，应继续加强对网络的规范化使用；其次，高校心理健康教育管理者不够重视网络心理健康教育，没有健全网络管理制度，没有更多地用于实践；最后，大学生本身也有问题，由于网络使大学生参与心理健康教育活动的时间、空间不再受到严格的限制，我们更加不易判定大学生在参与心理健康教育活动时的态度，无法保证学生是否认真观看心理健康教育课程视频、无法控制大学生填写网络问卷时的环境因素。还有，全天候的咨询时间与匮乏的心理健康教育资源产生矛盾，会出现同一时间网上咨询的学生太多，师资供不应求的情况，也会出现问题不能及时得到回复的情况。

三、在"互联网+"背景下开展大学生心理健康教育的优越性

当前关于"互联网+"背景下心理健康教育的研究分为两个部分：第一个部分是研究网络对人的心理健康的影响，以及如何利用有效的教育手段使网络对人心理健康的影响更多地偏向积极方面，以降低或摆脱消极的影响，如解决网络成瘾、网恋问题等；另一个部分是研究如何在心理健康教育的过程中使用网络平台，以及网络对心理健康教育的形式、途径、效果等方面的影响等。

1.大学生网络心理健康教育形式的多样化

大学生网络心理健康教育的形式现有：线上的大学生心理健康教育视频课、线上的问卷调查、有关心理健康的论坛或讨论群、线上的一对一咨询、电子邮件、留言本等。大部分高校都以第二课堂的形式开展线上大学生心理健康教育视频课，通过一些网络平台让大学生观看；线上问卷调查是通过网络发布一套标准化的量表，再让大学生进入网页填写，从后台直接获取量表填写的结果数据分析；论坛和讨论群种类较多，按创建者分类有学校官方创建和大学生自发创建，按内容功能分类有"树洞""夸夸群""喷喷群"等；线上一对一咨询就是学生在网上向心理咨询师咨询心理问题，目前应用得相对较少；大学生还可以通过浏览网页等方式来接触基本的心理学知识，从而潜移默化地改变其对心理学的认知，使大学生能更好地预防和解决心理问题。以上这些形式都是为了能够更好地服务于大学生，使心理健康教育更易于接受。

总之，互联网的出现拉近了人们的时空距离，为人们的交流提供了方便，在网上能用的心理学资源也越来越多，获取心理知识的渠道也变得更具有灵活性和多样性。例如，各大高校的电子图书馆和一些心理学机构的网站也都对外开放，近年来的心理学公众号也得到了长足的发展。

2.有利于保护个人隐私，增强学生的安全感

通过互联网，人们可以很方便地表达情绪，同时又可以很好地将自己保护起来。当代大学生面临着巨大的心理压力，互联网正好给他们提供了宣泄的平台，他们可以在互联网上通过描写现实针砭时弊，或通过自嘲宣泄情绪、表达不满。这些都有利于大学生疏导心理问题，弥补我国大学生心理健康教育的不足。互联网在心理咨询方面也扮演着重要角色。由于互联网的交流具有匿名性，可以减少大学生对隐私泄露的顾虑，增强他们的安全感，使大学生能够根据自身的意愿，主动接触适合自己的心理咨询师分享自己的经历；同时还可以降低大学生的羞怯情绪，使咨询中的沟通交

流有更加深入的可能，便于相关人员获得更多来访者自我感觉方面的信息。

3.有利于节省空间和时间，使心理健康知识的普及性更广

网络本身具有的全球性和全天候的特点，使大学生心理健康教育的方式突破时空限制。如大学生可以自由选择空闲的时间观看心理健康教育视频课程，并且能在有切实需要时反复观看，不需要在特定的咨询室内，既可以节约空间的占用，还可以实现咨询师快速有效的配置，使多个学生可以同时在线进行心理咨询。网络的迅速发展以及人们对其的依赖性使人们能够更多地去接触心理学，以达到心理学普及的效果。同时，网络能够方便快捷地收集到有效的心理学资料以及时地进行反馈，更好地服务于大众。

四、在"互联网+"背景下加强大学生心理健康教育的主要策略

为解决实际问题，除了需要整合学校现有的心理健康教育资源，努力构建课堂教学、心理教育活动、心理咨询、危机干预、调查研究"五位一体"的心理健康教育模式，还应拓展新的大学生心理健康教育途径，充分利用好网络特有优势，以提高大学生心理健康教育工作的实效性。

1.构建心理健康教育平台，促进心理健康教育信息化

利用网络平台将资源最优化，节约制作成本，大学生能够在网上自由选择适合自己的课程教师等。同时，根据大数据的反馈能够更好地发展心理学。网络为大学生心理健康教育提供了多样化的选择，将文字、图画、声音等充分应用，更好地向大学生传递心理健康知识，让其更容易接受。应发挥网络能够更方便、便捷地建立信息库的优势，将每位大学生参加心理健康教育相关活动的结果都记录在个人信息档案中，既便于大学生心理

健康教育工作的顺利开展，又能促使大学生更加认真地对待每次心理健康
教育活动，使心理健康教育工作更具针对性。

2.优化心理健康教师队伍，完善心理健康教育体系

地方政府应出台相关政策配合高校网络心理健康教育管理，加大监管
力度，努力创造良好的网络环境；高校方面应完善高校网络心理健康教育
体系建设，招聘心理健康教育专业骨干教师，扩大专业心理健康教育师资
队伍，设计出更加简单易懂的课程；心理健康教育专业教师应建立网络心
理健康教育管理平台，加强心理健康教育顶层设计，充分利用校园网和互
联网两大平台，构建完善的心理健康教育体系。加强网络心理健康教育平
台建设，需要重视网络心理健康教育的意义，并能够引导大学生开展自我
教育，建立大学生心理健康信息档案和及时反馈制度，注重各部门协同教
育，提升整体心理健康教育质量；在校大学生应该提高自我意识，主动接
触心理健康教育，将其作为常识学习，加强自我修养，自觉抵制不良信息，
文明上网。

随着人们对"互联网+"心理健康教育的"关注度"逐渐提高，越来越
多的大学生慢慢知晓心理健康教育的意义。根据"互联网+"背景下大学生
心理健康教育的发展现状，我们可以推论出大学生网络心理健康教育有着
充分的发展前景，我国高等院校的校园网已经成为大学生心理健康教育工
作的重要渠道。

在"互联网+"的背景下，充分利用网络已经成为大势所趋，互联网正
在改变着我们的工作方式和生活方式。尽管互联网在大学生心理健康教育
工作中的运用还存在一些不可避免的问题，但它在解决一些特定情况下的
问题时却可以弥补传统心理健康教育手段存在的不足。高校应科学合理地
运行这种教育手段，努力探索新时期网络心理健康教育的新模式，使其更
容易被多数大学生学习，进一步优化大学生的心理素质，从而提高高校心
理健康教育工作的实效性，促进大学生心理健康教育工作的蓬勃发展。

第二节 "互联网+"背景下大学生心理健康教育的"心"路径

随着互联网信息技术的发展，我国高校传统的心理健康教育课程教学的局限性越来越明显，已经无法满足大学生心理健康可持续发展的"心"需要。因此，如何在"互联网+"背景下找到大学生心理健康教育的"心"出路，是我们每一位大学生心理健康教育工作者应该直面的课题。

新媒体的功能与特性使得其能够成为大学生心理健康教育的"心"出路。微信公众平台对大学生心理健康教育的"心"意义表现在：通过微信公众平台发现"心"需求，通过微信公众平台普及"心"知识，通过微信公众平台宣传"心"活动，通过微信公众平台建设"心"桥梁。为更好地发挥微信公众平台在大学生心理健康教育中的作用，高校应充分利用网络资源，开发具有其自身特色的微信公众平台。开启网络心理健康教育的"心"时代，需要我们扎实做到"三个加强"，即加强微信公众平台的模块设计，加强对微信公众平台的对象拓展与团队建设，加强对微信公众平台网络心理健康教育的效果分析。

一、当前大学生心理健康教育的"心"现状

近年来，我国大学生心理健康教育工作取得了长足的进步，特别是在教育部颁布了《普通高等学校学生心理健康教育工作基本建设标准（试行）》文件后，各高校的大学生心理健康教育体系已经形成，但专业心理教师的师资力量仍然相对薄弱，很多高校的大学生心理健康教育课程是由学校仅有的几个心理咨询师来进行集中授课。这种大班制授课模式只能传授少量

的心理健康的知识，无法持续、有效地提高学生的心理健康水平。当前，大学生心理健康教育也大都仅限于课堂教学的形式，这使得当前大学生心理健康教育形式单调，内容匮乏。另外，很多大学生对心理健康教育课程的态度比较冷漠，一来认为自己没有心理问题，不需要听课；二来认为大学生心理健康教育课程是副课，没有专业课那么重要。

高校心理健康教育课程教学设置无法满足大学生心理健康发展的"心"需要。特别是高职高专院校大多施行的是"2+1"模式人才培养方案，即前两年在校学习专业理论知识，最后一年去各大事业单位或企业实习，这种模式使得大学生在校学习的时间特别短，他们的时间主要花在了专业课的学习上，学校的教学计划也不可能把重心放在大学生心理健康教育上，因此，绝大部分高校仅仅在大学一年级开设 36 学时的大学生心理健康教育课程，这样的课程也仅仅只能针对新生，他们在大二的迷茫期、纠结期、思考期，大三的抉择期、实习期、就业期等并没有持续、系统的心理健康教育课程。

每年的 5 月 25 日是全国大学生心理健康日，众多高校都会在这段时间集中开展心理健康教育活动，如话剧表演、健康节等。这些活动能够增强学生的心理健康意识、为学生普及心理健康知识，提高学生的心理健康水平。但是，如果仅仅只是在 5 月集中开展心理健康教育活动，难免会造成心理健康流于形式，而使日常心理健康教育不够充足。这种尴尬的局面是我们每一位大学生心理健康教育工作者所不愿意看到的。

二、新媒体背景下大学生心理健康教育的"心"出路

随着互联网信息技术的发展，新媒体也得到了快速的发展。近年来，大学生的心理问题越来越突出，引起了高校对大学生心理健康教育的高度关注。大学生心理健康教育开始普遍走进大学课堂，成了高校大学生的必修课程。在日常生活中，除了教师教授心理健康知识，很多高校也开始结

合新媒体的发展，利用微信公众平台的优势，向学生普及大学生心理健康知识，为大学生心理健康教育提供了新的理念，开创了新的平台。

据微信公众平的现有功能可知，目前的微信公众平台主要有订阅号微信公众平台、服务号微信公众平台和企业号微信公众平台三种服务版本。其中，订阅号微信公众平台主要用在传播信息方面，服务号微信公众平台主要对用户进行跟踪服务报道，企业号微信公众平台注重企业进行日常生产与管理。就大学生群体而言，订阅号微信公众平台是大学生心理健康教育的首选平台。因为订阅号微信公众平台的群发推文、自动回复和一对一交流三大功能能让大学生心理健康教育产生最佳的效果。

（1）订阅号微信公众平台的群发推送功能可以使平台每天不定时地向关注者发送一条信息，关注者在收到消息后可以自己慢慢品读理解。若是高校能充分利用该项功能，就可以每天向学生关注者发送一条与心理健康教育相关的"心灵鸡汤"，进而让关注者感受到心理健康教育处处在身边。

（2）自动回复功能就是平台作者通过编辑回复内容，作为自己与关注者互动时自动回复的消息，当关注者的言论符合自动回复的要求时就会收到相关的回复。若是高校能充分利用该功能，就可以将自动回复的功能应用在心理健康知识查询项目服务之中。

（3）一对一交流功能就是平台作者向关注者解答相关的心理困惑的功能。若是高校能充分利用该功能，便可以更加方便地加强学校心理咨询师与有心理咨询需要、但是又碍于面子不敢到心理咨询室来的同学之间的交流。一对一交流功能使得心理教师可以通过后台及时答惑解疑，进而开辟了网络心理咨询的新天地。

新媒体的这些功能与特性使得新媒体能够成为大学生心理健康教育的"心"出路。

三、微信公众平台对大学生心理健康教育的"心"意义

互联网技术的快速发展，为高校学生心理健康教育工作注入了"心"活力。在新媒体环境下，微信公众平台与大学生心理健康教育是密切关联的，其自身的特性决定了它有助于促进大学生心理健康教育知识的普及，有助于促进大学生心理健康教育水平的提高。新媒体内容是相当丰富的，使用起来很方便，在读者与作者双向互动方面起到了很好的教育效果。另外，新媒体的发展也打破了大学生学习的时间与空间限制，他们随时随地都可以通过自己关注的相关新媒体得到所要了解的信息，这样更方便学生主动学习。作为新媒体之一的微信公众平台也反映了这些特性，开发与运行网络心理健康教育微信公众平台，能够很好地利用其优势，积极宣传心理健康知识，能够持续不断地促进大学生的心理健康。高校利用微信公众平台这一技术手段，既可以及时了解大学生心理健康动态，搭建与学生之间的交流平台，丰富大学生心理健康教育的内容。简而言之，微信公众平台对大学生心理健康教育的意义主要表现在以下几个"心"方面。

1.通过微信平台发现"心"需求

高校在微信平台运用中期，可以向学生分发《大学生心理健康教育新媒体平台的使用情况》调查表，通过微信平台投票管理功能，可以发现有多少大学生认为新媒体对于自身心理健康教育起着较好的积极作用，有多少大学生表示新媒体没有多大作用，有多少大学生不支持新媒体心理健康教育的方法。进一步分析出有多少学生认为在日常学习与生活中，当遭遇挫折的时候，寻找心理咨询师进行开导是宣泄情绪、缓解压力的良好途径；有多少学生认为，当遭遇挫折压力的时候，可以直接寻求相关人员的帮助；有多少学生认为，情绪问题咨询至关重要；有多少学生认为，人际关系问

题咨询至关重要。从而从整体上了解与把握学生的"心"需求。

2.通过微信平台普及"心"知识

高校通过微信平台，可以向学生及时推送有深度、有温度的心灵文章，通过阅读增加学生的心理健康知识，提升学生的心理健康水平。高校微信平台可不定期推送心理相关栏目，推送内容围绕学习、情绪、人格、自我评价、人际交往、恋爱、网瘾、求职就业、团队合作等主题，开展关于学习困难、厌学、偏科、躁狂、抑郁、焦虑、偏执、敏感、多疑、自卑、人际紧张、失恋、网瘾、就业迷茫、就业压力、团队松散、团队凝聚力不足等问题的系列心理知识辅导，旨在发挥心理健康教育的心理疏导功能，帮助同学们了解自己的内心，把看不见的心理展现在自己面前，为大学生带来启迪和感悟，以满足他们的需求，消除他们的心理困惑。同时，高校可以通过微信公众平台向全校学生推送优秀心理书籍、经典心理影片，以及温馨心理小贴士等，传播心理健康知识。

3.通过微信平台宣传"心"活动

高校可以坚持"三度"与"三结合"理念与原则，即新媒体微信公众平台有高度、有深度、有温度，将微信新媒体平台文化建设与大学生心理健康教育紧密结合，将微信新媒体平台内涵建设与学生积极反馈紧密结合，将微信新媒体平台心理专业特色建设与实践育人紧密结合，大力宣传心理健康实践育人活动。如在实践活动方面，可以实施阳光心理文化工程，形成"一个体系""两项行动""十个一项目"的总布局，"一个体系"即"健康教育、实践活动、咨询服务、危机干预"四位一体的心理服务格局，"两项行动"即"春蕾"行动与"秋阳"行动。"春蕾"行动以大学生心理健康教育月为契机，以系部为核心，融思想引领于心理健康教育之中。按照"五个一"项目的整体布局思想实施"春蕾"行动，协调推进阳光心理文化工程，即举办一次心理情景剧，开展一次"情绪与压力管理"沙盘团体辅导，开展一系列心灵讲堂，举办一场趣味心理知识竞赛，举行一次心理征文比赛。"秋阳"行动则以阳光心理文化节为契机，以班级为重点，发挥心理的育人功能。按照"五个一"项目的整体布局思想实施"秋阳"行动，协调推进阳光心理文化工程。"秋阳"行动"五个一"项目即举办一次阳光心理趣味运动会，开展一次"人际关系"沙盘团体辅导，开展一系列阳光心理志愿服务活动，举办一场阳光心语书签展，举行一场阳光心理故事汇。

4.通过微信平台建设"心"桥梁

高校可以大力推动新媒体平台建设工程，积极增强大学生心理健康教育的使命感与时代感。可以充分利用平台群发推送、自动回复、一对一交流等功能实现和特定群体进行沟通交流。同时，也可以为学生提供倾诉情感、讨论心理话题及心理咨询的平台。通过这些渠道，学生可以匿名参与互动，通过微信平台向咨询师留言，大胆讲出自己的心理困扰，满足学生自我表达的需求，有效建立心理咨询、心理交流与心理沟通的平台，搭建心理健康教育的"心"渠道。

第三节 "互联网+"背景下大学生心理健康教育课程体系构建

地方院校大学生心理健康教育课程体系的构建常常会受到各种条件的限制，因此一直未能取得良好效果。互联网的发展会给大学生的心理健康教育产生潜移默化的影响，因此，在"互联网+"背景下，构建大学生心理健康教育课程体系尤为重要。本节将详细地阐述地方院校大学生心理健康教育课程体系存在的具体问题，并对具有本校特色的"五结合"心理健康教育课程体系进行总结，为进一步提高地方院校课程的科学性和实效性提供借鉴。

在高校心理健康实际工作中，心理健康教育课程覆盖面广、实效性强，对培育大学生的健康心理至关重要。随着互联网的发展与进步，构建大学生心理健康教育课程体系显得尤为重要。

一、地方院校大学生心理健康教育课程体系存在的问题

1.课程内容缺乏实操性

"互联网+"背景下的地方院校大学生心理健康教育课程的教学内容大多注重对大学生进行理论知识的普及，注重提升大学生的自我心理调适能力。前者属于陈述性知识，如大学生心理健康标准、常见心理困惑等；后者属于程序性知识，主要包含情绪管理、人际交往等内容。虽然教学内容涉及相关专题操作的步骤，但学生要如何根据自己的实际情况，将理论运用到生活中，还缺乏相应的指导。

2.教学模式相对单一，缺乏灵活性

地方院校大学生心理健康教育课程的教学模式最主要的表现形式就是心理学科课程，几乎没有培养学生心理逻辑方面的内容，课程模式缺乏一定的灵活性，因而大学生参与度较低。互联网是与当代大学生生活与学习息息相关的工具，高校心理课程教学中也应将互联网的优势最大化。因此，大学生心理健康教育课程中的教学模式应该遵循专业化、多样化的原则，积极使用互联网教学，以增强课堂的趣味性。

3.教学方法偏重讲授式，不够多元化

在"互联网+"的时代背景下，地方院校大学生心理健康教育课程的教学方法仍然采用传统的讲授方式。虽然多媒体教学逐渐走入大学课堂，但模式仍然僵化，学生只是跟着课件走，师生互动不足。研究表明，在案例分析、小组讨论、团体活动、教师讲授等众多教学方法中，偏向于选择教师讲授的大学生比例最低。研究者们也更提倡采用心理拓展训练、心理戏剧、课堂心理测验等多元化方式进行教学，提高学生学习的主动性。

4.教学管理投入不足

地方院校应该积极把大学生心理健康教育课程纳入高校的教学计划和培养方案中。大学生心理健康教育课程本身具有特殊性，需要任课教师具备相应心理学知识背景。在互联网高速发展的时代，需要进一步加强大学生心理健康教育。在当前这个互联网高速发展的时代，教师完全可以通过各种途径提高自身素养，使自己在专业课程领域得到成长。

二、"互联网+"背景下地方院校大学生心理健康教育课程体系的构建

1.注重预防、矫治心理问题与提升心理健康素养的有机结合

在心理健康课程目标的设置中，我们应重视加强心理问题的预防和矫治。通过一系列专题课程教学，让学生系统地掌握预防心理问题的知识，做到防患于未然。除此之外，高校还应重点提升大学生心理素质，提升大学生的心理健康素养，培养其积极向上的心态。与此同时，还须教会大学生正视心理问题，提高其解决心理问题的能力，让大学生拥有健康、良好的心理素养。

2.注重理论教学与实践环节的有机结合

在教学内容的设置中，一方面，我们要加强心理健康理论知识的系统化教学，采用必修课和选修课相结合的方式，让学生系统地学习、熟练地掌握相关心理健康知识，帮助学生理解心理健康知识，培养其灵活运用知识的能力；另一方面，我们要注重加强实践环节的设计和实施，这些实践活动既有心理游戏，也有感悟分享，还有实践体验，目的是让学生学会运用心理健康知识分析、解决自身问题。

3.注重线下课堂教学与线上自主学习的有机结合

在"互联网+"背景下，高校在课堂教学中融入互联网因素十分必要。在心理健康教育课程的教学方法中，积极开展认知性课堂教学，应以从激发兴趣到形成能力、从自主互动到合作探究、从能力拓展到素质提升的思路去传授知识。除此之外，还要积极引导学生利用课余时间，借助互联网的丰富资源展开学习，拓宽视野，培养自学能力，提升心理素质。互联网具有显著的开放性与共享性，大学生可以通过互联网查询自己想要了解的内容，同时高校教师也要及时给予其正确的引导，用互联网辅助教学。高校教师也可以利用互联网上丰富的教学资源开发新的心理教育课程，为心理教育课程体系的构建贡献自己的力量。

4.注重专职教师能力提升和兼职教师素养提升的有机结合

我国地方院校的心理健康教育教师必须具备坚实的理论基础、娴熟的教学技巧、深厚的咨询功底、良好的人格品质，才能促进大学生树立正确的心理健康观念。高校心理健康教师队伍一般采用专职教师和兼职教师相结合的模式，首先要完善教师任用机制，对教师的选拔、培养、使用和考核环节严格把关，构建高标准、高素质的教师队伍；其次要注重教师队伍的专业培训，着力提升心理健康实务工作的能力和素质；最后要建立激励机制，提高教师的身份认同感和自我价值，打造一支业务精湛、师德高尚、结构合理、充满活力的心理健康教育专业化师资队伍。不管是专职教师还是兼职教师，都应该充分利用各种渠道提高自身的专业素养，使"互联网+"背景下高校大学生的心理健康教育得到进一步发展。

大学生心理健康教育课程体系的构建同样也是一个随时代变化的动态发展过程，大学生心理健康教育课程体系的构建应紧跟时代步伐，不断地发展与完善。在教学模式上，要充分发挥隐性课程的作用，达到"润物细无声"的效果；在教学方法上，要充分结合互联网中丰富的教学资源，让互联网走进心理教育课堂，以增强加课堂的趣味性。

总之，心理健康教育课程对大学生的心理健康起着极其重要的作用。因此对大学生心理健康教育课程体系的构建，一定要结合时代特点和大学生本身特点大胆地改革与创新。最后，在高校教学中要发挥互联网的优势，争取达到最佳的课程教学效果。

第四节　"互联网+"背景下大学生心理健康教育模式建构

"互联网+"背景下对高校心理健康教育工作提出了新的挑战和新的机遇。科学总结互联网背景下高校心理健康教育的新特点，准确把握大学生心理健康教育规律，应遵循以人为本、因材施教、发展性、全体性的心理健康教育原则，从教育队伍、教学资源、教育理念、网络优势等方面建构大学生心理健康教育的新模式，提高当代大学生的心理健康水平，促使他们成为能担负起民族复兴伟业的时代新人。

随着信息技术的迅猛发展和广泛应用，互联网已经成为社会生活中不可或缺的基础性构建，正以前所未有的发展速度影响着人们的求知路径、思维方式和价值观念。大学生是互联网的热衷者和实践者，互联网在给大学生带来生活便利、言论自由的同时，其负面效应也日益凸显，极大地影响着大学生的思想、行为、人际关系等心理健康的方方面面。

一、互联网对大学生心理健康的主要影响

互联网极大地丰富了大学生获取信息资源的途径，丰富了他们的学习和生活，也改变着他们的认知水平、思维方式和行为方式，影响着他们的心理健康状况。具体来说，互联网对大学生心理健康的影响主要有以下方面：

1.网络信息的多样性对大学生认知水平的影响

网络信息的多样性极大地拓展了教育资源，丰富了教育内容，创新了教育形式，形成了有利于社会主义教育的教育合力。同时，在网络空间里，多种价值观念大量涌现和并存，不同社会思潮相互交错、相互激荡，大量含有色情、暴力、恐怖等内容的不良信息屡禁不止并且愈演愈烈，使大学生的身心健康受到严重威胁。在我国，绝大多数的大学生个体生理机能已发育完成，其文化素质、知识水平不断提高，自我意识也逐渐增强，对外界事物有着自己独特的见解，但受心理发展不成熟、社会阅历不丰富、社会实践能力不强等因素的制约，他们对于外界信息充满好奇，缺乏理性的思考和辨别，因而易受到不良信息的蛊惑，某些辨别能力不强的大学生容易在思想上受到各种精神垃圾的诱惑，进而导致其价值取向紊乱、道德认知混乱。

2.网络交往的开放性对大学生人际关系的影响

网络环境的开放性与网络主体个性化、去利益化，使大学生容易放下心中戒备，大胆向网络世界的交往对象倾诉秘密、吐露心声、诉说苦闷等。

一方面，这有利于大学生发泄心中不良情绪、排解内心压力，促进大学生积极情绪的培养、健康人格的养成；另一方面，网络空间毕竟是虚拟的，依附于网络的人际交往也必将带有虚拟的特点。而大学生对生活充满激情与活力，正处于情感丰富的阶段，价值观念尚不稳定，因而时常处于焦虑、迷茫与不安之中，情绪变化起伏很大，难以理性对待现实世界与虚拟世界中的人际关系。如果大学生长时间沉溺于网络交往，对现实的人际交往缺乏激情，往往导致其在现实生活中陷入孤立无援的境地，进而诱发孤独、苦闷、悲观、孤僻、忧虑、多疑等心理问题。

3.网络环境的虚拟性对大学生行为方式的影响

环境是人类赖以生存和发展的各种因素的总和，主要包括自然环境和社会环境。人的生存和发展，人的思想、行为与心理的形成与发展与环境密切相关。人们所处的时空环境影响人的心理和行为模式的产生，反之，人的心理与行为也会促进网络时空虚拟环境的形成。大学生正处于人生观、价值观、世界观形成的关键时期，心理发展还不成熟、人格发展还不完善、思维能力及社会实践经验还不丰富，极易受到外界环境的干扰。在崇尚个性化、追求自由化的时代，虚拟网络在一定程度上增强了大学生的自我意识，丰富了他们的情感，张扬了他们的个性，但这不意味着大学生人格发展的优化与心理发展的成熟。相反，过度自由的网络世界会让部分大学生自我约束力不足、自律意识淡薄，滋生出某种与社会主流意识形态不相容的心理与行为模式，从而忽视了社会规范和道德准则的制约，在行为上放纵自己、随心所欲，在认知上混淆现实世界与虚拟世界，进而产生严重的心理变态和行为偏离问题。

二、"互联网+"背景下大学生心理健康教育的

显著特点

很多技术都是"双刃剑",互联网同样如此。因此,在互联网背景下,准确掌握大学生心理健康教育的特点,洞悉网络心理健康教育的形成和发展规律,防止并尽可能缓解网络对心理健康教育的负面影响,以引导大学生充分利用网络资源优势培养积极的心态、塑造健全的人格,增进心理健康,对大学生心理健康教育具有重大的现实意义。

1.网络突破了时空界限,加速了信息传递,拓宽了教育渠道

互联网背景下的心理健康教育打破了传统心理教育的时空界限,为教育双方提供了可以随时随地交流和沟通的平台。教育双方可以随意选择交流时间,通过网络视频、QQ、微信、微博等方式进行交流。同时,网络技术的发达性与先进性,可以记录和保存双方交流的内容,教育工作者可将相同或类似问题集中归档,建立学生心理信息资源库,并在实践教学中进一步扩充。此外,还可以利用丰富的网络教育资源,拓展教育渠道,利用网上咨询工作室、心理教育模拟情景剧、心理知识学习库等,向学生传播心理健康知识,引导学生了解自己的心理状况,及时化解心理问题,从而帮助其树立正确的价值观念,提高学生的心理健康素质。

2.网络拓宽了教育资源,形成了教育合力,提高了教育效率

网络整合了大量的心理健康教育资源,扩大了心理健康知识信息库,丰富了心理健康教育知识,满足了学生的信息需求。在网络空间中,大学生可以根据喜好与兴趣选择自己需要学习的心理健康知识,积极进行自我教育与自我反思;教师也可以借助QQ、微信、微博等方式与学生共同商讨在学习和社会生活中遇到的困惑,在沟通过程中普及心理健康知识,疏通

学生的心理烦恼,帮助学生解决心理问题与心理困扰,从而形成有利于心理健康教育的有效合力,提高教育效率。

3.网络调动了教育主体的积极性,创新了教育方式,发展了教育理念

"互联网+"背景下,可以采用图片、文字、音乐、影像、动画等相结合的方式,以学生喜闻乐见的形式传播心理健康知识,极大地调动学生学习的积极性。同时,网络教育资源丰富、视野开阔,便于高校教育工作者开展心理健康教育实证调查研究工作和分析工作,及时、全面地了解学生的心理状况,从而在线上线下开展有针对性的心理健康教育,实现线上、线下教育的同步进行,以弥补现实教育的不足。此外,教育工作者在网络教育的过程中,要充分利用网络便捷性、平等性、互动性等特点,积极引导学生进行自我教育,提高教育的实效性。

4.网络扩大了交往范围,传递了心理动向,增强了预警功能

在"互联网+"背景下进行心理健康教育,可以通过全方位、多层次的信息传输扩大学生的交往范围,增加学生与外界交流的机会,为广大学生特别是性格内向、羞于言谈、社交能力较弱的学生提供思想交流和人际交往的平台,突破了现实心理健康教育的局限。同时,教育工作者借助网络的虚拟性、匿名性、开放性等优势,以朋友的身份与学生进行平等、自由的沟通,在交流的过程中能及时准确地掌握学生的心理动向,了解学生的心理状况,及时化解、有效预防学生的心理困扰,从而增强学校对学生心理问题的预警功能。

5.网络注重私密性,满足了心理需求,激发了教育活力

网络的虚拟性、匿名性满足了大学生注重保护隐私的心理需求,建立了师生之间相互信任的心理基础,使得学生愿意放下心中顾虑,在宽松、

平等、自由的环境中展现自我、发挥个性，直抒心中苦闷之事，畅所欲言，大胆地将自己的真情实感流露出来，从而为教师有针对性地开展工作创造了条件，激发了教育活力。

三、"互联网+"背景下大学生心理健康教育的基本原则

网络心理健康教育是一种以心理健康教育的基本理论和操作规律为指导、以互联网为依托的全新模式和理念，是心理健康教育适应时代发展的产物，是心理健康教育发展和创新的具体体现。因此，必须坚持一定的教育原则，采用科学的态度与方法，才能取得预期的效果。

1.坚持以人为本原则

以人为本原则在高校心理健康教育领域的本质在于把人看作是具有独特个性的个体和特定思维的主体，注重启发学生的内在需求、疏导学生的心理困惑、排解学生的学习压力、引导学生的正确行为，激发和调动他们学习的积极性、主动性和创造性，使他们将心理健康教育的积极影响主动内化于心、外化于行，逐步形成健全的人格和过硬的心理素质，最终达到健康成长、全面成才的目的。

2.坚持因材施教原则

每个学生都具有自己独特的个性特点，拥有不同的家庭环境、人际关系、情感需求、认知水平和价值观念等。因此，教育者首先要树立因材施教的教育理念，重视个别差异，根据学生的不同心理发展特点和身心发展规律，选择恰当的教育方法对其进行有针对性的心理健康教育，从而促进学生的全面发展。

3.坚持发展性原则

要认清大学生心理健康问题的形成是一个发展的动态过程,要用发展的眼光来看待大学生的"现在"、比较大学生的"过去",预测大学生未来可能出现的心理问题。教师要弄清大学生心理健康问题的来源及可能发展的方向,进而对其给予针对性的心理疏导和人文关怀,预防某些心理问题乃至精神疾病的产生。同时,要认识到大学生的成长也是一个发展的动态过程,用发展的眼光看待大学生,帮助他们树立有价值的追求目标,认清自身的潜力,充分发挥个人潜能。

4.坚持主体性原则

大学生的发展是一个主动的过程,外部施加的心理健康教育要引起大学生自身的改变必须先引起大学生主体的心理矛盾,才能使其获得发展。若大学生没有主动学习与主动发展的意识,那么心理健康教育就没有意义。因此,坚持主体性原则,必须从大学生的实际情况出发,以提高大学生的心理素质、促进其人格健全发展为目的,激发他们学习的兴趣,鼓励他们进行自我教育,引导他们去思考、比较、分析问题。

5.坚持全体性原则

首先,教师必须认识到心理健康教育的实践活动是针对全体学生,是为了解决学生中普遍存在的一些问题,以提高绝大多数甚至全体学生的心理健康素质而开展的;其次,教师还要认识到世界是普遍联系的,大学生群体之间是相互联系、相互影响、相互作用的,若只针对某部分学生进行心理健康教育,而忽视大多数学生,任由大学生中普遍存在的问题继续蔓延,最终将无法提高全体学生的心理健康水平,更无法增强全体学生的心理素质。

四、"互联网+"背景下大学生心理健康教育的模式建构

在网络心理问题频发的今天，网络心理健康教育已然成为高校大学生心理健康教育的一个重要组成部分。高校心理健康教育工作者要认清互联网新环境对大学生的影响，利用互联网的优势，积极探索开展大学生心理健康教育的新思路与新方法，努力建构大学生心理健康教育模式，促进大学生成长为能担负民族复兴伟业的时代新人。

1.贴近学生需求，打造专业化、现代型的心理健康教育工作队伍和服务网络

在"互联网+"背景下，面对网络心理问题频发等新情况，建立一支适应新情况、新问题、新要求的新型专职化、专业化和专家化的教育工作队伍，构建大学生心理健康教育的自助、互助的网络体系。

首先，培养一批专业化的心理健康教育专业人才。他们不仅要具备过硬的专业知识、理论基础及实践能力，还要掌握新型的网络电子信息技术，学会利用网络资源与网络技术，能及时了解学生的心理发展状况，分析学生的心理问题，全面准确地掌握学生的心理动向，并能将掌握的网络信息技术熟练地运用到心理健康教育实践中去，使心理健康教育不仅专业、生动，而且富有精准度、感染力与实效性。

其次，建立一支以专为主、专兼结合的相对稳定的心理健康教育工作队伍，将高校辅导员纳入心理健康教育工作体系中来。高校辅导员应具备一定的思想政治教育知识，又从事着最贴近学生学习、思想等方面的工作，是最接近学生的群体。因此，高校应加强对辅导员队伍进行心理学、精神医学、心理咨询学等专业知识的培训和指导，使之制度化；同时还要经常性地开展业务咨询等实践活动，提高他们的实践水平，推动理论与实践的

结合，充分发挥他们在大学生心理健康教育工作中的作用。

再次，构建以网络平台为载体、以教师为主导和以学生为主体的大学生心理健康教育的自助、互助的网络体系。高校应依托高校心理健康教育管理指导中心，立足院、系大学生心理健康辅导工作室，着眼班级干部的朋辈心理健康教育小组，建立三级心理健康教育工作体系。通过对学生成员进行一系列的心理健康知识和心理咨询技能的培训，开展网上心理辅导等心理互助活动，让学生切身体验心理健康的重要性，以改变学生对心理健康教育的偏见，提高学生参与心理健康教育活动的积极性、主动性，从而发挥朋辈心理咨询与辅导的积极作用，帮助大学生走出心理困境。

2.利用网络优势，建立全方位、多层次的心理健康教育教学体系和活动体系

网络具有超越时空限制、扩大交往范围、集合教育资源、注重私密性、激发学生积极性等特点。高校应充分重视并利用网络的这些特点和优势，整体规划，稳步推进，逐步建立起一个全方位、多层次的网络心理健康教育教学体系和活动体系。

首先，建立满足大学生信息需求的、富有吸引力的学习网站。网站采用分层设计，既要有满足学生信息需求的各类心理学书籍、心理自救常识、具有积极意义的心理健康服务类网站等，又要有观看寓教于乐的经典心理影片等，使学生在获得心理健康知识的同时，加深对自己生命价值的把握。同时，根据不同大学生身心发展的特点，开展各类网上调研和网络心理测试等，科学测评大学生的心理状况，准确把握大学生的心理动态，引导大学生的心理与行为发展方向沿着符合社会规范和道德要求的轨道前进。网站页面要富有青春活力，能够吸引学生眼球，从而调动学生积极参与，提高网站的点击率与利用率。

其次，开设专业、生动、规范的网络心理健康教育课程，以关注大学生的心理健康状态和心理健康成长为焦点实践积极性教育。大学生心理素质的提高离不开相应的心理学、医学、卫生等专业知识的普及。因此，高

校可以采用图片、文字、音乐、影像、动画等多种方式，结合案例教学、心理健康知识讲座等专业课程，制作专业、生动、富有感染力的教学课件或选用权威的规范性的教学课件，开设适合大学生身心发展规律的网络心理健康教育课程，并给予相应的学分，支持、鼓励、引导大学生根据自己的心理需要、兴趣偏好，有选择地加以学习，获取心理健康知识，增强其自我教育能力，以提升心理健康教育的教学效果，促进大学生心理素质的优化。

再次，开展各类具有科学性、实用性、专业性的网络心理咨询。网络心理咨询就是指心理咨询的专业人员，利用计算机网络的开放性、匿名性、及时性等优势，向具有心理困惑、心理矛盾、精神痛苦等问题的来访者提供心理上的帮助的过程。网络心理咨询超越了时空的限制，避免了现实咨询中的尴尬处境，因而操作性较强。大学生可以根据自己的实际情况，自主选择咨询方式，可以进行团体咨询或者个体咨询。网上咨询能及时帮助大学生摆脱心理困境，扫除心理阴霾，克服情绪障碍，从而纠正认知偏差与不良行为，形成正确的世界观、人生观和价值观。

最后，构建大学生心理咨询反馈系统，建立学生心理信息资源库。高校心理健康教育工作者可以借助网络心理咨询平台，利用电子邮箱等方式，构建大学生心理咨询反馈系统，使学生可以就自己的学习感悟、疑惑、问题或意见等进行留言，把自己的思想用文字表达出来。同时，还可以将留言或咨询过程中同类问题集中归档、集中整理，建立学生心理信息资源库，从而有利于高校从全体学生的角度把握大学生的个性心理特点和心理健康状况以及大学生的心理素质状况，这有利于高校心理咨询与辅导机构与学生工作部门、学生心理咨询团体之间建立起高效、便捷的心理信息沟通与反馈机制，也有利于高校制定切实可行的心理健康教育计划。

3.更新教育理念，整合传统教育与网络教育优势，发挥心理健康教育与思想政治教育的合力

首先，更新教育理念。高校心理健康教育工作者要明确大学生心理健

康教育是一门具有特定规律和特点的学科，是一项根据大学生身心发展特点，有针对性地对大学生的情感、认知、行为等方面进行疏导和教育，以提高全体学生的心理素质的实践活动。在"互联网+"背景下，高校心理健康教育工作者应牢固树立终身学习的理念，坚持理论与实践相结合的原则，积极研究与探索，不断解决其发展过程中出现的新问题、新情况，不断探究其发展规律，从而构建大学生心理健康教育的新模式。

其次，整合传统教育与网络教育的优势。利用网络信息技术对大学生进行心理健康教育具有加速信息传递、拓宽教育渠道、整合教育资源、提高教学效率等优势。同时，在构建网络心理健康教育新模式时，应充分考虑不同学生的心理发展水平及心理问题，选择不同的心理咨询与辅导方式，将网络咨询和辅导与传统心理健康教育相结合，实现二者的优势互补，不断促进心理健康教育的发展，创造更大的心理健康教育价值，以最大限度地满足大学生心理健康的需求。

再次，要充分发挥心理健康教育与思想政治教育的教育合力。心理是思想的基础，心理活动的发展方向制约着思想的发展变化，反过来，思想活动的发展变化也影响着心理活动的发展方向。心理健康教育与思想政治教育是辩证统一的，两者虽存在差异，但却相辅相成，共同促进着人的全面发展。大学生思想政治教育的根本任务是立德树人，旨在提高人们运用马克思主义改造社会的能力及道德实践能力；心理健康教育则旨在通过运用心理咨询与辅导等方法，帮助教育对象摆脱心理上的亚健康状态，培育其积极情绪与潜在品质，提高心理素质，促进人的身心全面发展。因此，高校在网络心理健康教育过程中要渗透思想政治教育的内容，综合运用思想政治教育方法和心理健康教育辅导技术，引导学生克服一些不健康的心理和偏激的行为与观点，从而提高大学生心理健康水平，帮助大学生形成正确的世界观、人生观和价值观。

第五节 "互联网+"背景下大学生网络心理健康教育机制

在"互联网+"背景下，大学生的心理健康会受到网络的深刻影响，如何在互联网大发展背景下提高大学生的网络心理健康水平，降低网络对大学生心理健康的危害是一个值得探究的问题。本节首先分析了"互联网+"背景下开展大学生网络心理健康教育的必要性，然后分析了"互联网+"背景下对大学生心理健康教育的影响，最后重点探究了"互联网+"背景下高校如何构建大学生网络心理健康教育机制。

一、"互联网+"背景下开展大学生网络心理健康教育的必要性分析

1. "互联网+"背景下的发展需要

随着互联网技术的快速发展，大学校园中数字化信息不断得到普及，这一发展变化深刻改变了大学生的生活学习状态。大学生的认知行为向情感心理转变，学习研究向休闲娱乐发展。互联网的发展不仅对大学生有着强烈的吸引力，而且还会给他们造成心理上的困扰。单纯地应用传统的心理健康教育方式是无法解决当下大学生的心理问题的，反而会让大学生更加难以适应"互联网+"背景下的发展。因此，在"互联网+"背景下，我们有必要对如何开展大学生网络心理健康教育进行探索，开辟新的教育方式，以满足大学生的心理健康需求。

2.解决大学生网络心理健康问题的需要

互联网环境是复杂的，许多安全保障机制是不健全的，大学生沉溺其中很容易导致一定的心理健康问题。互联网对大学生容易造成以下几个方面的心理健康危害：第一，容易让大学生发生角色错位，沉溺于"人机"交往而忽视人际交往；第二，容易让大学生发生人性异化，在人格结构方面更多地表现出数字化倾向；第三，容易让大学生出现自我迷失；第四，容易弱化大学生的自律精神，从而做出有违道德的行为；第五，容易使大学生沉溺网络无法自拔。因此，高校应采取有效措施避免这些问题的出现，加强对大学生的网络心理健康教育。

二、"互联网+"背景下对大学生心理健康教育的影响分析

1."互联网+"背景下对大学生心理健康教育的积极影响

在"互联网+"背景下开展大学生心理健康教育，从其积极影响来看主要包括两方面。其一，互联网的发展丰富了大学生心理健康教育的途径。当下高校的心理健康教育方式主要是课程讲授，并辅以心理咨询室、心理健康讲座等形式，整体上来说气氛较为沉闷，形式较为单一。对于心理咨询室，大学生一般是具有抵触心理的，担心去做心理咨询会受到其他人的嘲笑。实际上，不管是心理讲座还是心理课，基本上都是教师给学生讲解一些基本的心理知识，学生并没有机会去主动探究心理知识并将其应用到实际生活中。互联网给了学生新的途径去表达自己的心理问题，而且还可以通过互联网去了解更多的心理学知识，对于在课堂中并未理解的知识，学生有了深入探究的有效方式。其二，互联网可以为学生提供丰富的学习资源。在课堂授课中，由于受到课时的限制，教师往往只能讲授一些心理学的基础知识，因此很难把知识应用到实际生活中。而且随着互联网的发

展，学生获取知识的渠道日益丰富，视野日益开阔，这就导致了课堂授课内容很难引起学生的兴趣。面对这一情况，教师可以充分利用互联网丰富授课内容，从学生感兴趣的话题入手，通过理论与实际相结合，提高学生的学习兴趣。

2."互联网+"背景下对大学生心理健康教育的消极影响

互联网为大学生提供了丰富的有关心理健康的技能与知识，但是互联网中也充斥着大量色情、暴力、反动等网络糟粕文化。大学生正处于世界观、人生观、和价值观的形成时期，面对这些糟粕文化他们并不具备坚定而正确的选择倾向，往往是全盘吸收。所以，在"互联网+"背景下，大学生十分容易受到网络中不良文化的影响，基于此，在这一时代背景下高校心理健康教育也面临着前所未有的挑战，肩负着更加繁重复杂的教育任务。在"互联网+"背景下，高校的心理健康教育不仅要把书本中基本的心理健康知识教授给学生，还要帮助学生正确看待网络中良莠不齐的文化，教给学生如何在网络文化中取其精华、去其糟粕，从而促进大学生心理的健康发展。

三、"互联网+"背景下高校构建大学生网络心理健康教育机制的探究

1.要明确大学生网络心理健康教育的目标

对大学生进行网络心理健康教育，就是把相关的心理健康理论知识、资源、信息、方法等用大学生喜闻乐见的网络形式加以传播，从而实现大学生心理健康教育的两个目标：其一，通过宣传、普及相关心理健康知识，帮助大学生增强心理健康保健意识，掌握一定的心理调节方法，在日常学习、生活中保持积极向上、乐观健康的心态，从而预防、控制、减少大学

生出现心理问题与心理危机。其二，通过网络心理健康教育激发大学生的内在潜能。按照积极心理学的观点，每个人都拥有与生俱来的积极向上的潜能，而对大学生进行网络心理健康教育就是要激发大学生这种积极向上的潜能，以促使大学生生命价值的实现。

2.建立健全网络心理健康教育的引导与监管机制

在虚拟、自由的互联网中，学生很容易沉溺其中，如沉溺于网络游戏、网上购物、网络社交等，这些不仅会耗费大量时间，还会影响其正常的学习生活。所以，开展大学生网络心理健康教育就必须建立健全网络心理健康教育的引导与监管机制，加强大学生的网络自律意识。其一，加强外部力量建设。高校需要建设一支具有熟练网络专业技术的心理健康教育师资队伍，可以灵活自如地通过网络与学生进行有效、及时地交流沟通，敏锐地感知学生心理动态，对于大学生在网络中的不良言行进行及时的监管、引导和干预，避免不良舆论的产生。其二，加强内部力量的驱动作用。大学生必须拥有一定的网络自律精神与能力，在使用网络的过程中养成良好的行为习惯，以内部力量驱动自己形成健康向上的心理。

3.高校要积极营造健康向上的网络文化环境

在"互联网+"背景下，高校要综合运用多种社交平台，如微博、微信、QQ等进行校园网络文化的传播，积极营造健康向上的网络文化环境。其一，高校坚持社会主义核心价值观的指导，与社会焦点相结合建设高校红色门户网站，做好对大学生价值观的引导教育工作，在网络舆论中掌握主导权。其二，高校要加强建设网络文化，在网络空间中要坚持包容的态度，敏锐把握大学生在网络中的心理变化、思想动态。以大学生的心理变化为基础主动出击，加强校园网络文化建设，为大学生的心理健康发展营造积极、健康的文化氛围。

4.建设专业化、高素质的网络心理健康教育师资队伍

开展大学生网络心理健康教育离不开师资队伍的支持，教师专业水平与素质的高低直接影响了教学水平的高低，所以高校必须重视网络心理健康教育师资队伍的建设。其一，高校应大力聘请专业化、高素质的心理教育工作者及专业心理医师等，积极开展网络心理健康教育教学活动，从根本上提高师资队伍水平；其二，高校应建立健全教师培训机制，利用课题研讨会、兄弟院校交流、公开课评选等方式，提高教师的专业化水平与素质，从而在网络心理健康教育中引进新知识、新理论及新观念；其三，高校应加强资源整合，与知名医疗卫生机构、心理咨询室等建立合作，针对大学生存在的网络心理健康问题开展多元化的教育活动，如在线咨询、宣传活动、专题讲座、团体活动等，从而提升大学生网络心理健康教育的质量。

"互联网+"背景下加强大学生的网络心理健康教育不仅是时代发展的需要，也是解决大学生网络心理健康问题的需要。互联网的发展是一把双刃剑，不仅给大学生的心理健康教育带来了机遇，还带来了巨大的挑战。研究"互联网+"背景下的大学生网络心理健康教育，可以发现当前高校大学生网络心理健康教育存在很多不足，透过这些问题，我们要从多方面进行探索，如充分利用互联网手段，让大学生敢于表达自己的心理困扰，接受心理治疗；为大学生构建健康向上的网络文化环境，引导大学生树立正确的价值观，降低网络不良信息对大学生造成的危害。总之，高校应重视大学生网络心理健康教育，积极构建与大学生网络心理健康相适应的教育机制，以保障大学生网络心理的健康发展。

第六节 "互联网+"智能时代大学生心理健康教育路径

"互联网+"智能时代是科技迅猛发展的产物,也是社会发展的必然结果。在"互联网+"智能时代,大学生很容易通过互联网获取所需要的知识与信息。但是,互联网在给当前高校心理健康教育工作提供极大方便的同时,也对在校大学生的心理健康教育提出了严峻挑战,如何做好心理健康教育工作,是当今大学生心理健康教育工作者需要认真研究的课题。

一、"互联网+"智能时代大学生心理健康状况

通过互联网,大学生很容易获取很多的信息,不仅包括学习所需要的相关学科信息,也会有很多负面的信息。多元化的信息通过互联网迅速传播,会对大学生世界观、人生观和价值观产生很大的直接或间接影响。"互联网+"智能技术的迅猛发展,也对高校大学生心理健康教育产生了深远的影响:一方面,"互联网+"智能技术极大地拓展了当今时代大学生心理学研究范畴,给大学生心理健康教育工作者提供了极大的方便;另一方面,面对"互联网+"智能技术的冲击,一些传统的心理教育模式受到了极大的挑战。不可否认,"互联网+"智能技术就是一把双刃剑,在给大学生带来极大心理满足的同时,也对相当一部分自控能力不强、辨别能力较弱的同学产生极为不利的影响。当然,在"互联网+"智能时代,如何有效利用这一最新科技成果,更好地服务于大学生心理健康教育,是摆在心理健康教育者面前的重要课题。

二、"互联网+"智能时代高校心理健康教育工作面临的挑战

互联网技术的日新月异和人工智能的广泛应用，使得大学生无时无刻不在接触互联网，这就对当前大学生心理健康教育提出了新的要求，从当前大学生的心理发展状况来看，主要表现在以下几个方面。

互联网中大量的不良信息严重影响着大学生的心理健康。互联网中大量的不良信息，无疑增加了心理健康教育的难度。重点本科院校的大学生普遍学习压力较重，学习主动性强，自控能力较好，也使得他们浪费在互联网上的时间相对要少一些，所带来的负面影响也较小；而一般本科院校和大专院校的学生普遍学业压力不大，学生的自控能力差，缺乏良好的生活、学习习惯，很多学生把大量的时间浪费在玩网络游戏上，甚至还会沉溺于网络游戏之中，形成网瘾，这其实就是心理障碍；也有一些同学通过网络交友发展成网恋，网恋遇到问题也会造成心理落差大、失恋等急性应激性障碍，这也是值得关注的；还有"互联网+"智能技术的发展使得网络电信诈骗日益增多，上当受骗的学生也容易引起心理问题或心理障碍，有些心理问题、心理障碍如果得不到适当的排解，可能会引起严重的后果。除此之外，"互联网+"智能技术的发展，也给一些大学生非理性的超前消费行为提供了机会，出现校园网贷进而引发相应的心理问题，如果得不到妥善解决，后果可能非常严重。

"互联网+"智能时代也对传统的心理教育方法提出挑战，随着时代的进步，需要及时更新心理健康教育方法，提高心理健康教育水平，把传统的心理健康教育模式与现代"互联网+"智能技术相结合，创造出更适合大学生的心理健康教育模式。

传统的心理健康教育模式通常都是教师讲、学生听。随着"互联网+"智能技术的迅速发展，学生可以快捷地了解与获取现代心理学的相关知识，教师课堂上所讲授的内容可以在互联网上轻松搜索到。当大学生遇到心理

问题或心理障碍时,他们通常也会在第一时间去互联网上进行搜索,这样他们对教师课堂所讲授的内容容易产生倦怠感。因此,及时更新心理教育方法、提高大学生心理健康教育效果是心理健康教育工作者急需解决的问题。

三、"互联网+"智能时代大学生心理健康教育的路径选择

面对大学生心理健康教育的种种挑战,切实提高心理健康教育水平,需要在全面客观分析现实的基础上,提升其自身对心理健康发展规律的认知水平,采取符合心理健康教育规律的方法,以提升心理健康教育实效性。

1.提升自身素质水平、把握心理健康教育规律

只有努力学习新的心理健康知识,把自己专业知识水平提到更高的高度,才能更好认清大学生心理变化规律,准确把握大学生心理健康发展特点,提高心理健康教育的实效性。

2.转变工作理念,树立服务意识

在一些高校教师的心目中,尤其是一些大专院校的教师往往认为,只完成自己的上课任务,不管学生有没有听懂,有没有理解,有没有明白,上完课立马离开,学生除了在课堂上,其他时间基本上见不到自己的任课教师,如果学生对专业知识有疑问,通常只能求助于互联网。心理健康教育不同于一般的专业知识课,它有自己的特点与规律。心理健康教育课的教师要转变思想,树立服务意识。只有树立了服务意识、责任意识,才能让大学生通过心理健康教育体验到心灵成长与心智成熟的快乐。通过学习心理健康知识,能够使大学生学会如何应对一般的心理问题,当其生活、学习遇到挫折、遇到心理问题时,知道如何排解,如何应对,如何去求助。

3.利用"互联网+"智能技术，提高教学质量

新时代的大学生往往厌倦课堂上教师的"一言堂""满堂灌"的模式，心理健康教育工作者完全可以也应当学会借助当今发达的科学技术手段，采取形式多样的教学模式，比如学习通软件、幻灯片、心理电影展播、心理案例分析、心理沙龙、团体心理辅导等形式，通过理论联系实践的方式，提高教学质量。

利用各种新媒体终端，提升服务效果。综合运用微博、QQ、微信公众号、直播平台等多种媒体形式传播心理健康知识，通过潜移默化的形式促进大学生的心理健康向良性发展。同时，也可以借助"互联网+"智能技术，对潜在的有心理障碍的学生进行预警，对重点大学生群体进行特别关注，并在必要时进行危机干预。

第七节　"互联网+"背景下大学生心理健康教育课程的混合式教学

"互联网+"背景下，大学生心理健康教育课程教学面临着新要求。慕课（Massive Open Online Course，以下简称 MOOC）、小规模限制性在线课程（Small Private Online Course，以下简称 SPOC）等现代互联网教学平台在发挥优势的同时，也需要继承传统教学的优点。当前，大学生心理健康教育课程存在教学模式较为单一、学生主动参与意识不强、师资队伍教学水平参差不齐的问题，而"MOOC+SPOC+翻转课堂"混合式教学正好可以改善这些问题。因此，高校大学生心理健康教育混合式教学模式要结合教学目标，把日常教学分为线上和线下教学两部分，将其贯穿于课前、课中

和课后三个阶段，并采用过程性评价和终结性评价相结合的多元化考核模式，从而提升大学生心理健康教育课程的教学效果。

心理育人是高校思想政治教育的重要组成部分，在落实立德树人根本任务中发挥着重要作用。《教育部 卫生部 共青团中央关于进一步加强和改进大学生心理健康教育的意见（2005）》指出，要"充分发挥课堂教学在大学生心理健康教育中的重要作用"，"不断丰富心理健康教学内容，改进教学方法，提高课堂教学效果"。进入 21 世纪，信息技术的革新冲击着人们生活的方方面面。随着互联网时代的到来，以大数据、云计算、物联网为代表的新技术深刻影响着人们的生活。大学生作为社会发展中高度活跃的群体，承受着互联网快速发展带来的冲击。为此，探索当前互联网环境下大学生心理健康教育课程"MOOC+SPOC+翻转课堂"的混合式教学模式，提高课程教学实际效果，增强大学生心理健康意识，提升心理健康素质，更好地发挥心理健康教育课程在高校心理育人工作中的主渠道作用，是摆在广大心理教育工作者面前的现实课题。

一、高校心理健康教育课程的教学现状

心理健康教育课程经历 30 多年的发展，经历了由下而上的自发组织再到由上而下的政府指导，并逐渐成为绝大多数高校开设的公共必修课。但是，在教学工作开展中，心理健康教育课程也存在着一些亟待解决的问题。

1.教学模式较为单一

目前，大部分高校心理课程课堂教学以讲授为主，通常采取一位教师面向一个大班级上课，辅以播放视频等电子教学资源的教学方式。单一直线型的班级授课制，不利于学生自主管理能力、问题解决能力、创新能力和探索精神的培养，也在一定程度上限制了师生之间的交流与互动。调查显示，心理健康教育课程的教学方法主要是"讲授法、案例分析法、小组讨论法、视频材料穿插法"等。由于教师在课堂中更多地采用讲授法，学生对课程学习的兴趣和热情不高。互联网的快速发展把学生的注意力更多地集中到了手机上，导致教学内容的传递和师生的互动受到一定的阻碍，加上配套教材的更新迟缓以及教学技术的单一已经难以满足信息化时代学生的需求。

2.学生主动参与意识不强

在日常生活中，大学生习惯使用网络和手机获取信息和资源，而传统心理健康教育课程教学更多偏重于知识的传授，因此难以满足大学生成长的需求。再者，心理健康教育课程考核评价形式比较单一，通常沿用"30%平时成绩+70%期末考试"的方法，且平时成绩多以考勤为主，期末考试大多采用笔试的方式，而忽略了形成性评价在学生学习过程中的激励作用，缺乏对学生的知识和能力养成过程的有效关注，忽略了大学生在课程学习过程中的发展。在心理健康教育课程的教学过程中，不少学生习惯于坐着听讲，而不习惯思考问题；喜欢参与互动，喜欢游戏、视频教学，而不习惯回答问题，同时也缺乏对自我的反思。

3.师资队伍教学水平参差不齐

不少高校辅导员作为兼职心理教师，成为大学生心理健康课程师资团队的重要组成部分。然而，大部分辅导员未受过专业的教育教学课程训练，仅仅是经过短期的新教师培养，因而缺乏相应的教学能力。另外，由于日常工作较为繁忙，辅导员很难抽出时间接受系统的教学和专业培训，加之高校心理教研室也较少提供系统的培训机会，所以高校心理教师的教学水平难以得到有效的提升。

二、"MOOC+SPOC+**翻转课堂**"混合式教学特点分析

心理健康教育课程教学中引入 MOOC 这种新的网络教学模式，是高等教育教学创新发展的一大趋势。MOOC 的出现打破了教学时空的限制，将传统的课堂迁移到了互联网上，重新整合并优化了教育资源。然而，在推广 MOOC 的过程中，各国都遇到了不同的问题，主要表现在两个方面：一是教师教学与学生学习的互动不足，教师对学生的学习情况难以把控；二是在线学习管理难度较大。由于缺乏有效的约束，部分学生甚至采用刷课软件进行操作，因此学习效果难以得到保证。为此，传统课堂的优势再次走进人们的视野。SPOC 是在 MOOC 基础上的创新，将 MOOC 的在线教学资源应用到小规模的实体校园注册的课程教育上。"MOOC+SPOC+翻转课堂"混合式教学既可发挥 MOOC 课程低成本、高效率、易于学生利用碎片时间学习等特点，又可吸收线下课堂在团队合作、个性化指导方面无可替代的优势。

"MOOC+SPOC+翻转课堂"混合式教学模式包括以下几个方面。首先，教与学时空的混合。该教学模式借助线上、线下相结合的模式，促使在线学习与教师面授的相互结合，达成教与学的虚实结合互补。其次，学习资源的融合。通过课内、课外相结合的方式，该教学模式使接受学习与探究学习相结合，使网络的教育资源与课堂的教学资源有机融合，提升了学生自主学习和合作学习的能力；最后，学习方式的组合。这种组合教学模式通过课堂的系统讲授与网上碎片化的学习，能够将教师讲授与学生自主学习相结合，使同步学习与异步学习相结合，以提高学生的学习效率和主动性。

因此，在心理健康教育课程教学过程中采用混合式教学模式可以让学有余力的学生学到更多的内容，培养其探究精神和创新能力，而基础薄弱的学生也可通过反复多次的网上学习来弥补不足，从而提升教学效果。

三、"互联网+"背景下心理健康教育混合式教学模式的实施

心理健康教育课程在实施"MOOC+SPOC+翻转课堂"混合式教学模式过程中，要注重线上和线下的有机结合，重视师生互动的作用，把握形成性评价和终结性评价的有效结合。教师要根据教学目标和教学原则，结合学生的兴趣点，把日常教学分为线上教学和线下教学两部分，将其有机结合并贯穿于课前、课中和课后三个阶段，以实现"线上有资源、线下有活动"的目标。其中，资源的建设要能够实现对知识的有效讲解，活动要能够检验、巩固、转化线上知识的学习，并建立多元化、多维度的评价体系。

1.课程设置目标

大学生心理健康教育课程以增强大学生自我心理保健意识和心理危机预防意识，以提高心理素质为导向，以促进学生全面发展为目标。开展"MOOC+SPOC+翻转课堂"混合式教学，可以将线上与线下、网络教学与传统教学、教师主导作用与学生主体作用、示范引导和参与体验结合起来。

2.课程实施

该课程将智慧树和学堂在线作为网络教学平台，采取 SPOC 混合式教学模式授课，包括视频课程、幻灯片课件、线上签到、线上测试和线下体验等。课程实施主要分为三个阶段，即课前阶段、课中阶段和课后阶段。

（1）课前阶段。教师根据学生情况、学习内容和学习环境，进行学习需求分析，并在此基础上进行课程设计，包括学习大纲、计划、指南和学习资源设计等。之后，教师在课堂中发布学习任务，提出问题，在上课前查看学生学习任务完成情况及相关反馈。学生通过网络平台了解学习任务的有关要求，并进行在线学习、讨论和练习。其中，微视频可以使用智慧

树和学堂在线平台的教学视频，也可以是自行录制的微课。教学视频中穿插问题，使学生能够及时在线联系，自行检查学习情况。教师和学生可以利用网络教学平台或者组建的QQ群进行在线互动,建立立体式学习社区，从而延伸了课堂教学的"时间"和"空间"。

（2）课中阶段。课中阶段是教学实施的重要环节，主要采用"翻转课堂"的模式，就重点难点展开讲解与讨论。课中阶段以"任务型小组"为主要手段，开展专题式问题研讨、汇报与展示。根据对在线学习的数据分析，教师在线下课堂开展"翻转课堂"教学活动，采用体验活动、团体训练、案例分析、小组讨论交流等形式。在师生互动中，教师更多地充当"引领者"的角色，就教学重点和难点向学生进行启发式的提问以及相应的引导，让学生自己来觉察、分析、思考以及解决问题。例如，教师以"适应发展"专题为例，采用不同班级的 6~8 名学生为一组的小组讨论交流的形式，让学生在规定时间内针对高中和大学学习环境、生活环境、人际环境的变化，进行小组讨论，并进行团队展示。这就要求教师必须有丰富的心理知识和心理咨询的实践经历。因此，心理健康教育教研室要加强教学团队的理论培训和实践锻炼，以提升教师队伍的综合素质。

（3）课后阶段。课后阶段的学习要求学生针对教学内容进行复习，在线完成相应的试题。学习平台根据答案进行评判和分析，便于教师有效地检查学生对知识的掌握情况。同时，教师也通过发布课后阅读、心理测评及学习视频，拓展学生的知识和技能，并为问题学生提供在线的答疑交流、情感支持及帮助。

3.考核评价

心理健康教育"MOOC+SPOC+翻转课堂"混合式教学采用过程性评价和终结性评价相结合的考核模式。过程性评价考核学生在课前（在线时长、视频观看、答疑互动等）、课中（课程考勤、师生互动、团队展示、研讨表现等）、课后（作业质量、拓展训练等）三个阶段的学习活动情况，占学期总评成绩的70%。终结性评价采用期末考核的形式，占学期总评成绩的30%。

终结性评价是指一次性对学生学习的结果进行评价，而过程性评价贯穿整个教学过程，强调的是对学生学习过程中的学习状况、学习成果进行多形式、分阶段的考核。

采取过程性评价和终结性评价相结合的考核模式既注重多形式、分阶段考查学生的学习过程，又注重学生最终的学习成果。心理健康教育课中多元化的考核模式能有效避免传统单一考核模式带来的缺陷，也有助于教师相对完整、全面地了解学生的真实学习情况，从而提升课程的教学和学习效果。

新媒体、新技术与教育教学的结合以及人们对学习的多元化需求的增长，决定了心理健康教育传统教学的革新势在必行，而混合式学习的出现与发展将线上学习与线下课堂有机地融为一体，有利于教师完善教学设计，使其能够及时调整教学结构和教学方法，优化课堂教学，为学生提供匹配程度更高的优质教学。同时，将依赖被动学习的传统心理健康教育教学模式转变为个性化学习、主动化学习的教学模式，有效地打破了传统的教学格局，极大地提高了教学效果。然而，在具体的教学实践中，仍然存在学生习惯于教师提供网络资源，很少主动探索和自行查找相关学习资源的问题，学生的学习主动性有待提高。因此，心理健康教育混合式教学在如何提升学生在线学习的投入程度和在线学习的质量和深度方面，仍然有待进一步的探讨。

参考文献

[1]李宪芹.高职院校大学生心理健康存在的主要问题及成因分析[J].承德职业学院学报.2007（02）：12-14.

[2]王世伟，马海珊，李阿特，林静.积极心理学视野下的高校心理健康教育模式建构［J］.中国校外教育2019（12）：90-91.

[3]罗新兰.大学生心理健康教育［M］.杭州：浙江大学出版社，2014：8.

[4]房宏驰，王惠.心理学视角下高职院校体育教学改革的思考［J］.教育现代化，2019，6（50）：33-34.

[5]翟亚丽.论家庭因素对大学生心理健康状况的影响及对策［J］.卫生职业教育，2015，33（03）：154-155.

[6]郝颜.职业院校大学生心理健康不良的产生原因分析及对策［J］.课程教育研究，2019（15）：34-35.

[7]向芬.大学生思想政治教育与心理健康教育的整合—基于协同视域［J］.学理论（下），2016（07）：248-249.

[8]贾宝莹.高校大学生网络心理健康教育与创新咨询方式研究［J］.科教文汇（下旬刊），2019（02）：157-159.

[9]黄欣荣.大数据时代的思维变革［J］.重庆理工大学学报（社会科学版），2014，28（5）：13-18.

[10]张艳.高校贫困生心理问题分析与救助[J].江苏高教，2012（01）：133-134.

[11]高兰英，温静雅.艺术公选课与大学生心理健康教育的关系初探［J］.美与时代（下），2019（06）：58-60.

[12]林崇德.积极而科学地开展心理健康教育［J］.北京师范大学学报

（人文社科版），2003（1）：31.

[13] 李丽.开展积极心理健康教育的方法探析 [J].安徽电子信息职业技术学院学报，2008（5）：92-93.

[14] 马存燕.大学生主观幸福感的调查研究[J].中国健康心理学杂志，2008（11）：1209-1210.

[15] 张倩，郑涌.美国积极心理学介评 [J].心理学探新，2003（3）：6-10.

[16] 向前.积极心理学视角下的发展性心理健康教育 [M].北京：中国书籍出版社，2014：2.

[17] 郑雪.积极心理学 [M].北京师范大学出版社，2014：3.

[18] 邵迪，罗骁.基于积极心理学视域的大学生心理健康教育研究综述 [J].品牌研究（下半月），2015（02）：213+215.

[19] 马喜亭.高校积极心理健康教育模式探索[J].北京教育（德育），2011（574）：12-14.

[20] 彭梅.积极心理学视野下大学生心理健康教育研究[D].哈尔滨：黑龙江大学，2014：31-38.